あたりまえだけど
なかなかできない

仕事のルール

浜口直太

仕事にむずかしいことなんていらない。

これだけできれば仕事は絶対うまくいく

仕事ができる人が、なぜ仕事ができるかがわかる本

まえがき

「え！　こんなことも知らないの！」「はあ？　なんでこんなことしちゃったの？」

あまりに常識外れの部下の行動に、驚きと恐怖と怒りを隠し切れず、叫ぶ上司。

「はあ……」「あの……何か？」「すみません……」

なぜこんなことが問題になるのかわけがわからず、ひたすら不思議そうに黙り込む部下。

これがこの本を書くきっかけとなりました。

経営コンサルタントという仕事柄、様々な顧問先（クライアント企業）の現場に入る中、このようなシチュエーションに毎日のように出くわします。

他人事では済まされません。社長経験者と将来社長になるための修行として働いてくれているプロフェッショナルメンバーで構成されているはずの弊社（国際経営・ベンチャーコンサルティング会社）でも、少し前まで同じようなことが起きてました。

「あれ？　こんなんだったかなあ？　僕が新人だった頃は、もっと気遣ってたけどなあ……」ついつい自分自身が新入社員だった頃を振り返ってしまいます。

みなさんも上司として或いは、部下として、毎日同じような場面に遭遇してませんか？

なんでこんなことが起きるのでしょうか？　世の中には、あたりまえの仕事のルールがあり、そのルールをあまりにも知らなさ過ぎるか、知ってても守られていないからだと思います。

私は小さい時からお世辞にも勉強はできたことはありませんでした。しかし、社会に出てからは、こと仕事となると、勉強ができない分、自分なりに努力して気遣いを徹底し、工夫してきました。そうしないと首になったり、仕事が貰えなかったりするからです。

ここで紹介しました一〇一のルールは、私の二十年以上の国内外での経験を基に国際的スタンダードとして、どこでも通用するであろうルールであり、常識です。逆にここに紹介するルールが守られてない場合、あなたは職場で問題児になっている可能性大です。ぜひこれらのルールを守れるよう、自分なりにチャレンジしてみて下さい。周りからの評価は確実に上がることでしょう。

浜口　直太

あたりまえだけどなかなかできない 仕事のルール

この一〇一のルールが身につけば、仕事にこわいものなしです。
そうなんです、仕事に難しいことはいらないんです。

仕事のルール

01

聞くタイミングに気をつけよう

「ただ今・・・ああ大変だ！　常務との打ち合わせにかなり遅れてる……」

「課長、お帰りなさい！　先日お渡しした三島物産への提案書の件ですが、二ページ目の内容が間違っていまして……」

「おい、ちょっと待てよ！　私は常務を三十分以上待たせているんだぞ！　そんなことで今時間を取らせないでくれよ！」

仕事で一生懸命になるあまり、忙しい上司の都合も考えず、帰社直後に捕まえて一方的に質問。これでは、上司も切れますよね。

大体上司は、部下にわからない多くの仕事や責任を抱えています。それらには期日があり、部下の何倍ものプレッシャーとストレスを毎日感じているものです。気配りのない部下とはだんだん話すのも顔を合わせるのも嫌になってきます。

逆に気配りのある部下の存在は有難いものです。私は日本の大学を卒業後、大手国際会計・経営コンサルティング会社のニューヨーク本社に入社した際、先輩にこのことを叩き込まれました。

「上司と話すときはタイミングに気をつけなさい。タイミングを間違えると仕事の邪魔をするだけでなく、あなたへの評価も悪くなり嫌われるから」と。

それから、私は上司のみならず先輩や同僚にも、今相手が何をしているのか、またすぐに何かをしなければならないのかを確認した上で、話し掛けるようにしました。

そのちょっとした気配りを習慣化させたお陰でそれまでとは違い、職場での人間関係は実に円滑なものとなりました。最初にはっきりと忠告してくれた先輩には本当に感謝しています。

最近はそう言う事をズケズケ指摘してくれる先輩や上司も少なくなったようです。指摘しない理由を聞いてみたら注意してもわからないか、直らないので無駄だという管理職の人もいます。また、逆恨みされたくないこともあるようですが。

上司や先輩が言うことをよく聞き素直に実行しないと損しますね！

仕事のルール

02

「できません」「不可能です」「無理です」は禁句

入社半年の新人に上司が言いました。

「野村さん、これ新企画だけどやってくれる？」

「チーフ、すみません、できません！　新人の私には、とてもそんな力ありません」

また、違う場面では。

「岡本君！　先日頼んだ提案書、急に必要になったから、今日中に出してくれる？」

「はあ……、不可能です。先輩、そもそも来週でいいって言ってたじゃないですか？　まず調査に三日はかかりますから……」

こんな場面もあります。

「西山君、明後日のプレゼン、あなたがやってくれる？　初めてだと思うけど、いい経験になるからぜひチャレンジしてみて！」

「無理です！ 話し下手ですし、いきなりだと……。大事なお客様の前で失敗して会社にご迷惑かけたくないですから……、勘弁して下さい……」

情けなくないですか？ こんな発言する社員が皆さんの周りにいたら。伸びる人、成果を出す人は、何事にもまずチャレンジします。「できません」「不可能です」「無理です」とは決して言いません。そして、できなかった時、はじめて助言や応援を求めてきます。

ごく簡単なことを除き、最初からチャレンジ精神を持たずにできる仕事などありません。また、初めからできるとわかっていることをやっても力は付きません。つまらないので要領よく手抜きをすることを覚えるだけです。そうなると人間としての成長も止まります。

皆さんの周りでも、できることしかしない人がいると思いますが、その人達は成長していますか？

まず、自分から志願してでも一見難しそうな仕事にチャレンジしてみて下さい。最低でも頼まれたらとにかく何でもやってみて下さい。やり始めたら意外と簡単にできたりしますよ！

仕事のルール

03

挨拶は相手の前まで行き目を見て元気よく行おう

「あれ？ 挨拶もしないでさっさと行ってしまった！ 嫌なやつだ！」「はぁ？ 挨拶もしないよ！ あいつなんかあったのかなあ……」こんな経験ありませんか？

挨拶は、最初に相手の存在を認識し受け入れ、敬意を払う人間だけができる大切な行為でありコミュニケーションの一つです。挨拶をしなければ、相手は少なくとも三つのことを考えるでしょう。

一つは、そもそも自分のことを嫌っているのでできるだけコミュニケーションをとりたくない。もう一つは、挨拶できないくらい元気がない。最後は挨拶なんてどうでもいいと思っている。

いずれにしても相手に与える不快感は大きいでしょう。その相手が会社の上司・同僚・部下、更にお客様だったらどうでしょう。どのような理由であれ挨拶をしなければ、相手はあなたのことを**「基礎的なマナーができていない無礼な人間」**、**「基本的なコミュニケーションのできない協調性なしの人」**との評価を知らず知らずのうちにしてしまいます。

あなたは相手にとって嫌な存在となっていきます。他のことで一生懸命努力しても、挨拶がきちんとできなければ、人間として評価されないのです。

どれだけ自分に好意をもってくれる人、応援してくれる人を増やせるかです。いったん仕事を始めると、普段はなかなか心が触れ合えない相手が多いことでしょう。挨拶は、一瞬の行為ですが、その心の触れ合いをする最大のチャンスであり、相手との距離感を少なくする最も効果的なコミュニケーション手段です。挨拶によって相手を気持ちよくすることで、相手もあなたを気持ちよくしてくれるでしょう。

どうせ挨拶するなら、効果的にしてみませんか。**挨拶の仕方で最も丁寧なのは、相手の目の前まで行き、目を見て元気よく行なうことです。**これは形式的な挨拶と違い心が入っていないとできません。また、そこまでする挨拶は、勇気と努力とエネルギーが必要です。相手は無意識のうちにあなたのその行為を嬉しく思い高く評価してくれるでしょう。**相手は一瞬のうちにあなたのファンになることでしょう。**

仕事のルール

04

よくできました たいへん

出退社時はみんなに元気に挨拶しよう

次は退社時でよく見る光景ではないですか？

「誰か新入社員の山本君知らない？　さっきまでここに座ってたんだけど……。もう帰っちゃったのかなあ？　一言の挨拶もなしで……」「ああ！　やっと携帯（電話）繋がった！おい山本！　お前（上司に）挨拶もしないで、いつ退社したんだ？」

ただこれは、新人に限ったことではありませんね。ベテランでもよくあります。

「急に主任がいなくなったのですが、今日中に終わらすよう言われてて……、いくつかわからないことがあるので、聞けなくて困ってます。携帯に電話しても繋がらないし……。課長！　どうしましょう？」

退社時だけではなく、出社時にもこういうことは起こります。

「佐藤さん連絡ないけど今朝は遅刻かなあ？」「主任！　彼女もう来てます。ただ、今トイしかどっかに行っていると思いますが……」「え！ 困るなあ……。もうすぐ来客があるから朝礼早く終わらせたいのに……。出社したら挨拶くらいはしてもらいたいなあ……」

組織で評価される基本的かつ最も大切なポイントの一つに、どれだけ誠実かつ親切な言動かということがあります。左記の行動はいかに自分勝手に動いているかを象徴しています。これでは、「私は自分勝手でまわりの人の都合は関係ありません！」とでも言っているのも同然です。

評価どころか、組織において問題児扱いされるのは、時間の問題でしょう。

また、ただ知らせたり挨拶すれば済むということでもありません。誠実な気持ちが大切です。少しでも「組織のためにお手伝いしたい、チームの一員として受け入れられ役に立ちたい」というやる気と奉仕の精神があるならば、ぼそぼそとでなく、元気よくハツラツと出退社に挨拶してみて下さい。まわりがあなたのことを見直すでしょう！

先日、大手金融機関の社長が報告してくれました。一人の若い元気な女性社員が社内でも有名な暗い部署に配属になりましたが、その部署が短期間で社内有数の明るい部署になったと驚嘆されていました。

どの会社も伸びている社員は例外なく出退社時の挨拶がすばらしいのです。

仕事のルール

05

お客様には元気よく丁寧に挨拶し、誠意をもって応対しよう

あたりまえ中のあたりまえです。でも、驚くことに多くの人が理屈でとらえているため義務的・事務的に行なっています。最も大切である心が伴っていません。

米国で経営コンサルティング会社を経営していた時、「顧客が購入に際して最も評価することは何か」についてアンケートをしたことがありました。**そのナンバーワン評価項目が、「元気よく丁寧に挨拶し、誠意をもって対応してくれる」ことでした。商品・サービスに関する専門知識でも、商品力でもなかったのです。**

ただ、これは理解できます。コンビニエンス・ストアーでも、もし近くにいくつかあれば、店員が元気よく丁寧に挨拶してくれたり、誠意があるところに行くのは人間として自然ですよね。

面白いことにこれは基本的なことなので、気配りのできる人は若くても教えなくても自然

にできています。そういう人は根っから人に尽くすことが好きで、人が喜ぶことをすることが好きな人です。残念ながら、その種の人はめったにいません。ですので、まわりの人が教えるか、それが苦手な人でも率先して学んでいくしかありません。

やろうとして簡単にできることではありません。多くの人は見よう見真似で行動はしてみます。が、心構えがなかなかできません。

米国で大手国際会計・経営コンサルティング会社に勤めていた際、接客のプロである上司がいました。当時彼はまだ四十歳でしたが、彼が行くとなかなかとれない会社まで一発でクライアント（顧客）にしてしまいます。私は彼の営業のノウハウを盗むべく、できるだけいっしょにカバン持ちとして営業に連れていってもらいました。

彼にとってクライアント候補は「一目惚れした彼女候補」。彼女になってもらうためには、喜んでもらえること、好きになってもらうこと、そのためにはできるだけのことをすると言っていました。

その中で、最も大事なこととして、元気よく挨拶することと、いつでも面倒くさがらず誠意をもって応対することを挙げていました。

ビジネスで最も強い人は、お客様に好かれ味方にした人ではないでしょうか！

仕事のルール

06

人に不快感を与えない身だしなみや服装を心がけよう

ビジネスの世界において第一印象ほど大事なことも少ないでしょう。相手が超多忙であったり実力者であればあるほどです。もう二度とお会いできなくなることも往々にしてあります。**勝負は最初にお会いする時の一回目ということが多いでしょう。**

そんな中で、第一印象ですべてが決まるということもよくあることです。人間としての中身はそう簡単に変えられないですが、服装や身だしなみだけは相手に好印象を与えるよう気をつけたいものです。

著名人や実力者など忙しい人はほとんどの場合、第一印象でその人と次にまたお会いするか、さらにお付き合いするかどうかを無意識のうちに決めているようです。

どんなに若くても、また偉くても身だしなみや服装で相手に不快感を与える人は、本物の人から相手にされないでしょう。せっかくお会いするのですから、自分中心の身だしなみや

服装をせず、できるだけ好印象をもってもらえるよう気を遣うのは、相手を敬うマナーとしてあたりまえのことではないでしょうか。

よく自己アピールのために、偉い人や若い人はユニークな格好で現れることがありますよね。芸能人や工場で働いているような特殊な職業のため、たまたま職場から直行したなどの例外は除いて、できるだけお会いする相手が気を遣わない、また安心できるような身だしなみや服装を心がけたいものです。

また、初めてお会いする人のみならず、毎日のように通う職場でも、周りの人が不快になるような身だしなみや服装は避けるべきでしょう。それだけで、あなたは評価を落としてしまうからです。場合によっては、意地悪されたり、いない時にみんなから非難されたり笑われたりもします。

「服装の乱れは、心の乱れ」。初めて聞いた時に、なるほどと思いました。もし、会う人やまわりの人に不快感を与えていないという自信がなければ、素直に人に聞いてみたらどうでしょう。米国でも、超ミニスカートを職場にはいて来ていた秘書、ヨレヨレのスーツを着て来た新卒の男性社員、中途採用でお風呂にほとんど入らないので強烈な悪臭を放っていた上司などは、ほとんどの人から嫌われていきました。ちょっとした気配りです。

仕事のルール

07

たいへんよくできました

名刺はいつも持ち歩き切らさないようにしよう

「あ！ 名刺を忘れました……」。最近様々の会社の若い社員さんのこんな声をよく聞くようになりました。

我々が新入社員時代は上司から厳しく言われました。

「ビジネスに生きる人間にとって名刺は命だ！ 武士にとっての刀と同じだ！ もしこちらが忘れて相手が持っていたら、勝負ありだ！」と。

ですので、何があっても名刺だけは切らさず絶えずチェックし持ち歩こうと細心の注意を払ったものです。

ところが、今名刺を忘れる社員の多いこと多いこと！ 驚くのは忘れても、目上の相手の名刺をもらって、ケロッとしています。我々は場の雰囲気で恥ずかしいとか情けないとか自然と思わされましたが、最近は忘れた本人も悪びれた様子もなく「忘れちゃった。朝から忙しくてバタバタしてたからしょうがない」で済ましています。

先日もある会社の営業部に配属になった新入社員が名刺を忘れ、会社の上司に怒られていました。

「お前！　営業職でありながら、名刺を忘れるとは何事か！　お客様に謝りなさい！　会社に帰ったらすぐに名刺を頂いたお客様にお前の名刺を送りなさい！　いいか！」

怖い上司のお陰で新卒で就職してから、私はただの一度でも名刺を忘れたことはありませんでした。頻繁に忘れる社員さんをみると理解できなくなります。


やはり自分が名刺を渡したにもかかわらず、いかなる理由があろうとも、名刺がもらえないと気まずいですね。名刺を頂けないとお付き合いを拒否された思いにさせられるのは私だけではないと思います。

近頃は「たまたま今名刺切らしてます」と堂々と偉そうに言う年配の人も増えているようです。相手に悪気はなくても「付き合う気がないから名刺を渡さないつもりだな」と嫌な思いにさせているのがわからない気配りのない人達です。

仕事のルール 08

たまにはノミニケーションでもして本音で語り合おう

「みんなー、仕事もボチボチ切り上げて、今夜はこれから飲みにでも行こうか？」

「課長、僕今日行けません……」

「なんで？　何か用でもあるのか？」

「ちょっと……」

「せっかく皆いるし、ちょっとぐらいならいいだろう！」

「既に予定があるので……」

こんな会話、職場でよく聞きませんか？

近頃若手社員はあまり上司や先輩と夜食事や飲みに行きたがりません。仕事は就業時間内でやることで、就業時間外はプライベートな時間。なので習い事に行ったり、デートしたり、趣味や仕事でのストレス発散のために時間を使いたがります。

確かに明日への活力を見出すために、就業外時間となるアフターファイブは、個人的なことに時間を使いたい気持ちはよく分かります。基本的にはそうすべきでしょう。

ただし、就業時間では忙しくてなかなか質問できないことや、本音で語れないことが多々あります。ですので、食べながらまた飲みながらお互いリラックスした状態で本音で語る場を努力して作る人とそうでない人とでは、仕事においても大きく差がつくことでしょう。また、そのような場を設けてくれることにまず、感謝しましょう!

正にその小さな気配りが勝ち組と負け組を分ける岐路になります。

真剣に仕事に取り組めば取り組むほど、人間関係を大切にしようとします。本音で語る時間を作ろうとするのです。

一昔前までは、「ノミニケーション」という言葉が流行りました。仕事を終え先輩や上司とお酒を飲みながら、本音で質問・相談・議論し、お互い分かり合う努力をしました。

いい意味での競争関係は人間を成長させますが、本音で分かり合える人間関係を構築する努力なしでは、お互い疑心暗鬼で成果も望めないでしょう。

仕事のルール

09

礼状はメールではなく手紙を書こう

「安田君、昨夜は忙しい米山商事の米山社長にご馳走になったんだから、すぐに礼状出しとけよ！」

「部長、わかりました。すぐやります！」

「頼むぞ！　中小企業とは言え、うちにとっては大事なお客様なんだから」

「あー、できました！　それでは部長出しておきます」

「え！　内容は？　ちょっと見せてみろ！」

「ええ！　Eメール？　それもたったの二行？　これじゃあもらった方も君が事務的に出しているのが伝わるぞ！　そもそもこれでは形だけで心がこもってないから礼状になってないぞ！　ちゃんと手紙を書いて郵送しろよ！」

昔は初めてお会いさせて頂いた際は、すぐに丁寧な手紙（礼状）を書いたものです。最近はインターネットの普及に伴い、軽いEメールで礼状を送る人が随分と増えました。その方が早いし楽なのは理解できますが、頂いても礼状として受けとめにくいのではないでしょうか？

勿論、Eメールでも心のこもったものもあるので、手段は問題ではありませんが、インターネット時代で、みんなが軽いメールのやりとりをしているなか、丁寧かつ誠意がこもった手紙を郵送で出すと、受け取った方も「若いのになかなか感心だなあ……」などとそれなりの評価を得るでしょう。

信頼を勝ち取るということは、そのような小さな心配りの積み重ねの結果です。今日のようなEメールでの簡単なメッセージでなんでもかんでもコミュニケーションを済まそうとしていると、誤解や誇張や説明不足で不信感を起こさせたり人間関係を壊す原因となります。

相手に感謝し敬意を払いたいなら、時間をとって丁寧かつ誠意が伝わる文章で手紙を書きたいものです。そうすることによって予想以上の人脈を構築でき、周りからの評価も高くなるでしょう。

仕事のルール

10

会社の経費削減に気を使おう

「どうせ会社経費で落ちるからどんどん飲み食いしようぜ！」

「多少交通費がかかっても会社で負担してもらうから……」

「つけっぱなしにしてていいよ！　会社から見ればエアコンや電気代なんて微々たるものだから……」

なんか浅ましくありませんか？　確かに会社が支払ってくれる経費なのかも知れません。

ただし、二十年以上、日米アジアで経営コンサルタントをしてきて、**出世する人、伸びる人、信頼される人とそうでない人との大きな違いの一つに、会社の経費削減を重視しているかどうかが挙げられます。公私混同していないかです。**

できる人、信頼される人の共通点は、リーダー的思考を持ち合わせていることです。すなわち、会社に雇われていたとしても、オーナー的、社長的な発想で行動します。

ですので、初めて出会った人でも社長になれるかどうかは別にして、一社員でも将来の社長候補かどうかは、会社に対する発想や言動でわかります。

会社の経費を使うことは悪いことではなく、費用対効果を重視して、会社に利益をもたらす経費の使い方をしているかどうかです。

光熱代、飲食代、交通費、接待費などの経費は、例え一円たりともそれらを使うことによって会社に利益をもたらさなければ使ってはなりません。「公私の区別」をハッキリすべきです。

これができない人は、「小事が大事」で本物を見る目をもった人達から相手にされなくなるでしょう。新人であればある程、この区別はきちっとしておくべきでしょう。

人間の評価で大きく差がつくところはそうはないでしょう。会社経費の使い方はその数少ない一つです。そこで人間としての器が測れるものです。

仕事のルール 11

使わないものはためないでそのつど捨てよう

「渡部君、貸しておいたアンケートの集計表、返してくれる?」

「はい、課長!」

「午後に打ち合わせで使うから午前中にね」

「わかりました、すぐに……。あれ? 確かにこの引き出しに入れてたのに……。なんでないのだろう?」

「どれどれ見せてみろ。なんだこりゃ! 書類でぐちゃぐちゃじゃないか! しかも、もういらないものばかりだぞ! これじゃ何がどこに入っているのか、わからないだろう!」

「すみません、将来また必要になるんじゃないかと思うと、なかなか処分できなくて……」

「ばかやろう! こんな古い書類必要になる訳ないだろう! いらないものはすべてすぐに捨てなさい! 仕事ができるやつは、将来使う可能性の低いものなんかは、すぐ捨てるぞ!

第一パソコンにデータが入っているだろう！　紙で残しておく理由はまったくないよ。捨てる勇気をもたなきゃ！　すべて今すぐ捨てろ！」

「はい！　確かに捨てるのには勇気がいりますよね……」

「いいかよく聞け！　**捨てないとどんどんいらないものがたまって、本当に必要なものがどこにあるかわからなくなる。タイム・イズ・マネーだから、いらないものの中にいるものを探すのに大変な時間と労力を使うから、膨大なコストと精神的ストレスになるんだよ。お金は使っても取り戻せるが、失った時間は取り戻せないぞ！**　いらないものでも捨てるとなると、もったいないとか将来困るんじゃないかと思うやつは、スピード社会についていけないよ」

「意外と捨てるのは得るよりも難しい」と昔のアメリカ人上司は口癖のように言ってました。米国でも**仕事ができる人ほど、机の上も中もきれいです。**

今でもはっきり覚えていますが、米国で一流の弁護士事務所のナンバーワン弁護士の部屋に通された時、あまりの綺麗さにビックリしました。なんだ仕事もしないのに請求ばかりする調子のいい弁護士かと思って、いっしょに仕事したところ、仕事のできることできること。なんと必要な情報はパソコンと頭に入っているから書類がいらないとのこと。

仕事のルール

12

アイディアや注意点が浮かんだら すぐ書き留めておこう

「あれ、なんだったっけなあ……　せっかくいい企画が浮かんでいたのに……。しまった！　書き留めておけばよかった！」

よくあることですよね。ちょっと書き留めておけばいいのですが、それが近くに筆記道具がなかったり面倒だったりで意外となかなか実行できません。

また、違うケースでは……

「浅田君、ここ間違ってるぞ！　言ったじゃないか、打ち合わせの時に！　なんでちゃんと書き留めておかないんだ！　君には気が付かなかったことだったんだから、書いておかないと僕が言った通り覚えていて正確に修正できるわけないじゃないか！　しっかりしろよ！　何回同じことを言わせるんだよ、幼稚園生じゃあるまいし！」

似たようなこと言われたことありませんか？

私も新入社員の頃、よく先輩から同じようなことを言われていました。それで、いつもどこに行く時も、ボールペンとメモ帳を持って行くようにしました。元々記憶力が極端に悪いのでアイディアや注意点が出てきたら、すぐに書き留めておかないと、忘れて二度と思い出せないのです。

米国に住んでいた時も感心しました。一流と言われる人ほど、なにかあったらすぐに書き留めていたからです。彼らはいつもどこでも平気でメモ帳を取り出して書き留めてました。お陰で私もメモ魔になりました。

騙されたと思って実践してみて下さい。まわりの人があなたはマメで一つ一つを大事にする信頼できる人と見始めるでしょう。**また、絶えず書き留めている姿を見て、あなたのことを努力家かつ勉強家として好印象を持つでしょう。**

まわりの評価も大事ですが、徹底して行なえば実質あなた自身の仕事の効率もビックリするほど良くなるでしょう。

「人間は忘れる動物」ですから、いい加減な自分の記憶をあてにせず、素直に書き留める癖をつけましょう！

仕事のルール 13

まわりの人から どんどん教えを請おう

「聞くは一時の恥。聞かぬは一生の恥」

わからないことは恥かしがらず、その都度勇気を出して素直に聞いた方が、どんなに後々大きな恥をかかなくて済むかを指摘していますよね。

中学一年生の時、知らないのに知っているふりをしていた私を察知するなり、担任の先生は大きな声でよくこの言葉を言われました。そのお陰で中学校を卒業する時には知らないことは何でも人に聞けるようになりました。

そんな私ですが、米国でプロの経営コンサルタントになってから、その原点を忘れ、知ったかぶりをして大失敗したことがあります。ちょっとした笑い話にもなりますが……。

それは経営コンサルタントとして独立したての頃のことです。

テキサス州政府の経済開発機構のアドバイザーに就任したのがきっかけで、同機構の長官と理事四人を連れて、テキサス州に進出することを検討していた日本の大手コンピューターメーカーA社の本社を企業誘致目的で表敬訪問した時のことです。

お会いしたA社の専務はせっかく遠路はるばる米国から日本に来たので、美味しい本場の日本料理をご馳走したいとのこと。それで半分通訳を兼ねた私を含め同機構の全員、一流の料亭にご招待頂きました。

料亭に到着後、A社の専務一行は社内打ち合わせで遅れているので予約した懐石料理を先に食べ始めてほしいとのメッセージがありました。早速懐石料理が運ばれ始めました。が、長年米国に住んでいた関係で私は実は懐石料理を食べたことはありませんでした。不安でしたが、女将さんに出されたものをすべて食べていいのかどうか恥かしくて聞けません。

彼女が部屋から去るのを見届けて、いきなり皿に乗っているものすべて食べ始めたところ、米国人である全員が私の真似をして皿に乗っているものすべて食べきってしまいました。その直後、A社の専務が部屋に到着しました。そして、彼が一言。

「浜口さん、まさか皆さんにすべて食べれるとは言われてませんよね？　でもアメリカ人って凄いなあ！　飾りまで食べちゃうんだもんなあ……」

私は赤面と同時に額から脂汗が……。「一言女将さんに聞けば良かった」と後悔。

仕事のルール 14

まず、やってみよう

「今回の販売促進（販促）はインターネットで行ないたいと思います」

「は？　インターネットで販促するのは初めてでしょ？　具体的にどうやって商品情報の送り先を決めるの？」

「これからグループの皆で考えます」

「ちょっと待って！　送り先も決まってないの？　じゃあ、何人位に送るの？」

「まだわかりませんが、時間が許す限り一人でも多くの人に送りたいです」

「え！　送りたい数も決まってないの？　第一そんなんで成果が期待できるの？　もし、やってみて全然反応がなかったらどうするの？　責任は誰がとるの？」

こんな会話を会議等でよく聞きませんか？　誰かが何か新しいことを提案した時にその場にいる現実派からよく聞く文句ですよね。

新しく行うことの費用対効果や時間対効果を話し合うことは大事です。ただ、ネガティブな意見や批判・評論をするのは、前向きに行う会議や打ち合わせの雰囲気を壊し邪魔になります。

大切なことは、行う前にメリットとデメリットや問題点を明確にし、失敗したら致命的なダメージをこうむらない限り、とりあえずまずやってみることです。

エリート志向の人は、先々を考え過ぎ、理論的な観点から問題点や上手くいかないことの理由をうんざりするほど指摘します。しかし、**何事もやってみなければわかりません。ある程度議論し、成功する可能性もあるのであれば、まずやってみる勇気が必要です。**

元々米国生まれのコンビニエンス・ストアー「セブン・イレブン」も当初は日本では成功しないと理論的に言われていました。しかし、まずやってみました。確かに問題点も出てきましたが、それらを乗り越えて日本でも大市場を作り上げたのです。

マクドナルドも主食が米である日本人には、ハンバーグ入りのパンなど売れる訳がないと見られていました。今では外食企業で一番の売上を誇っています。

理屈なしでまずバカになって死に物狂いでやってみることです。行き詰まったらその時考えればいいじゃないですか！

仕事のルール

15

自分のイメージ作りを大切に

いろいろな話題を提供し一躍有名になったライブドアの堀江社長（当時）を嫌っている人が多いのに驚きます。先日もタクシーに乗った直後、運転手さんが不機嫌そうな様子で関西弁で捲くし立ててきました。

「お客さん、ライブドアの堀江って野郎どう思いまっか？　あっしらタクシー運転手仲間はけしからんと思っとるんですよ！　みんな頭にきとる！　若くして財を成したか知らんが、公の場にTシャツで出てきて挙句の果てに金でできないことはないとぬかしやがる！　世の中舐めとんねん！　あっしら暑い時も寒い時もいつもお客様に感謝するんで、ちゃんとした格好してまんねん！　あたり前やそんなん！　金があるからって一人だけあの格好はないでっせ！　やつ見るたびに腹立ちますねん！」

堀江社長の合理的な企業論理はわからないでもありません。ただ、**世の中の人に共感を得**

るためには、謙虚なイメージ作りは非常に大事でしょう。ほとんどの人は理屈より、見た目で好き嫌いを判断してます。

彼は謙虚な気持ちでできるだけ人に不快感を与えないようなイメージ作りをすれば、かなりの支持者を得るでしょう。つまり、余計なことでマイナス評価されずに済み、もっと多くの人から賛同や応援を得られるはずです。

所詮、人間は他の人からの応援や評価なしでは結果も出せませんし、生きてもいけません。

米国でも堀江社長のようにどこに行くにもTシャツで通し、中身で勝負しようとしていた経営者がいました。ところが彼がいない酒の席で彼のことを誰一人よく言わないのです。性格は悪くないのにです。

「あいつは人をバカにしてるよな！　我々は毎日我慢してスーツ着ているのに、あいつだけ楽な格好して！　何様だと思ってるんだ！」「バカじゃないの？　あんな格好して！」

私が顧問をしていた会社のある社員は、いつも芸能人のような格好で来ていました。せっかく良い事を言うのに、変わり者として上司は評価しませんでした。彼は結局面白くなくて会社を辞めていきました。自分で自分の首を締めるとはこのことではないでしょうか。

仕事のルール

16

商品やサービスを売るのではなく、自分を売ろう

営業先でのこと。

「社長！　弊社はこの度業界初の画期的な商品を世に送り出しました。これがそうです。ぜひお試し下さい。どこが優れているかと申しますと……」

「悪いけどその種の商品は今ので間に合っているし、コストもかかるから今は無理だなあ……第一、君の商品説明じゃあ難しくて何言っているかわからないよ！　忙しいから必要になったらこちらから連絡するよ」

一方、営業の本質を捉えている人は、商品やサービスを売るのではなく、自分を好いてもらい自分を売っています。

「社長、私は貴社が成功するのにぜひお役に立ちたいと心から懇願してまいりました。そのためには何でもお手伝いさせて下さい。弊社の商品は最初はコストがかかりますが、貴社の

業務効率をあげることができるため、一年以内にそのコストの回収ができます。また、そうなるよう私が誠心誠意全力で対応させて頂きます！」

「わかった！　商品のことはどこも似たり寄ったりでよくわからんが、そのやる気の君が気に入ったから買うよ！　誠実そうな君なら、例え商品に問題があったとしても、うちのために一生懸命やってくれそうだからな……」

このようにとにかく相手に好かれることが大事です。**商品やサービスの評価は専門家でない顧客にはまずわかりません。ですので、ある程度商品やサービスの説明をしたらそれからは買う相手を信頼できるか、好きになれるかがポイントです。**

商品やサービスが良くても、嫌いな相手からは買いません。私もそうですが、逆に相手を好きになってしまえば、多少商品やサービスのことがわからなくても、買ってもらえるケースはよくあります。

と言うことは**商品やサービスではなく、自分という人間を評価してもらい、好きになってもらえなければ成果はでません。自分のことを好きになってもらえれば大抵の場合、買ってもらえるのも実は時間の問題なのです。**

仕事のルール
17

職場で甘えたり、甘えた話し方をするのはやめよう

新入社員の話し方を聞いてぞっとしたことはありませんか?

ある時、顧問先の会社に行き、たまたまその会社の入社したての新入女子社員の電話での会話を聞いて愕然としました。

「……あの〜。今部長はいないんですけどぉ〜。どうしたらぁ〜いいでしょうかぁ〜……」

どこかでこの会話の調子聞いたことがあるな……。あ、そうだ! 女子高生の会話だ!

確かに電車の中で女子高生同士で甘ったれたやり取りはこんな感じでした。それを思い出した瞬間、その女子社員が高校生の時から人間としての成長が止まってるのではないかという恐怖心さえ覚えました。

　この話し方を聞いて、戦場のような職場で必死に仕事をしている上司や先輩方は、イライラするか、ショックを受けるのではないでしょうか? 少なくとも私は、悲しくなりました。

職場とプライベートな会話との区別がつかない社会人がいるのだと。見かねたので、例え顧問先だろうとそんな心無いコミュニケーションを続ける社員を見過ごすわけにはいかず注意しました。

「あなたはここに給料をもらって働きに来ているのですよね？　それとも、遊びにきているのですか？」

本人はビックリして黙り続けていました。おそらく、外部の私が指摘したからかも知れませんが、生まれて初めてそんなこと言われましたという顔をして戸惑っています。

長い間の楽な学生生活で、親に守られ甘えた言動をしてきた人も多いことでしょう。ただし、一度会社という戦場に入ったら、言動から一切の甘えを排し真剣勝負を繰り返さないと、味方になるはずの先輩や上司が敵となり、足元をすくわれるでしょう。

厳しく言ってくれているうちはまだ花です。周りから言われなくなったら、また無視されるようになったらもう臨終と考えて下さい。あなたはもう注意しても直らないどうしようもない問題社員と見られています。そうなったら、「もう来なくてもいいよ」と言われるのは時間の問題です。覚悟して下さい。

職場で甘えた声で話したり、甘えた行動はやめましょう！　損をするのはあなたです。

仕事のルール

18

絶えず会社への貢献度を考えて行動しよう

ケネディー大統領は演説の中で当時の米国民に言いました。

「国から何かをしてもらうのではなく、国に対して何ができるかを考えましょう!」

この何気ない一言は他力本願の生き方を否定し、自分の力で社会に貢献していくことの大切さを説いています。

今の日本にこの精神で生きられる人がどれだけいるでしょうか? むしろ「どうして自分は国からも誰からも助けて貰えないのだろう?」と被害者意識で生きている人が多いのでは。

特に若い頃は、お金・経験・ノウハウ・信用力・人脈等何もないためついつい会社や他人からの助けを期待してしまいます。頼めば何かしてくれるのではと考えがちです。

力も何もない時にこそまず自力で体当たりしてみて下さい。そういう人は奥ゆかしいので周りの人がほっとかないでしょう。黙っていても誰かが力を貸してくれます。

成功者の共通点の一つに、人がほしいものや困っていることを見つけ、それを解決するのが得意なことが挙げられます。できる事業家はニーズはあるのに、それに応える商品やサービスを誰も提供していないことをいち早く見つけ世に送り出します。

せっかく何かをするのに誰にも貢献しないことをしていたとしたら時間の無駄になります。それは自己満足でしかありません。

会社においても成果が出る出ないにかかわらず、会社に貢献しようと一生懸命やっている社員は上司から見たら本当に可愛いものです。あたりまえのことですが、**評価の高い社員とそうでない社員は会社への貢献度で測られます。**

新人の頃どうしたら会社に貢献できるのかなかなかわからないでしょう。そんな時、上司や先輩に素直に謙虚に聞きましょう。みんながあなたに何をしてもらいたいのか、どんなことに期待しているのかを。そうすれば、目指すべきこと、するべきことがわかり俄然力も湧き集中し、成果もでやすくなります。

大事なことは、人間である以上ついつい独り善がりになりがちなため、絶えず冷静かつ客観的に自分が会社に貢献している言動をとっているかを自問自答し、他人の評価もチェックも続けていくことです。

仕事のルール

19

わからないことがあったらすぐ聞いたり復唱しよう

「課長、電話です」

「誰？」

「山口商事の大嶋さんです」

「知らないなあ……、営業の電話だろう。用件聞いて営業だったら断ってくれ。でなかったら、折り返し電話するということで、電話番号聞いといて」

「わかりました！」

「課長、営業じゃないみたいでした。取引先で課長のこと良く知ってると言ってましたので電話番号聞いておきました。これそのメモです」

「おかしいなあ？　そんな会社名でそんな名前の人知らないけどなあ……。じゃあ電話してみるか……」

「あれ？　大木君、電話通じないぞ！　電話番号違うんじゃないか？　ちゃんと復唱して確認したか？」

「あ！　しませんでした。すみません……」

「しょうがないなあ……。大事なことだったら、またそのうち電話かけてくるだろう……。それにしてもどこの誰だろう？」

「課長、また電話がありました。たぶん先ほどの大嶋さんです」

「お待たせしました、課長の安田です。ああ！　山田商事の大川社長様ですか！　先程お電話頂いたのは社長でしたか！　大変失礼しました。うちの入りたての社員が間違えまして……」

「大木！　いい加減にしろよ！　あの電話、山口商事の大嶋ではなく、山田商事の大川社長だ！　うちの大事な取引先だ！」

「すみません。あまりよく聞き取れませんでしたので……」

「それならなんで、聞き返さなかったんだ！　第一お前なんで、電話かかってきたら番号だけでなく、社名や相手の名前のメモをとらないんだ！」


皆さんはわからないことがあったら勇気を出して聞き返したり復唱してますか？

仕事のルール

20

言葉の省略はやめよう

インターネットや携帯電話の普及のためか、言葉、特に固有名詞をできるだけ略す傾向があるように感じます。短くなることはいいこともありますが、社名や人の名前を略すことは時に失礼になったり混乱を招きます。

若い人の間では社内で頻繁に使う固有名詞があると略して呼び始めます。便宜上社内だけで使っているうちはいいのですが、使い方や場面がわからない新入社員の多くは、社外でもどうどうと頻繁にその簡易な名称を使います。

聞いた方は、新しい経営手法なのか、何かの英語名なのかで、聞き慣れないその言葉を不思議に思います。理解に苦しむのは、その言葉の省略の意味がわかっている人同士で省略形を使うのはいいのですが、知る余地の無い人にも平気で頻繁に使っていることです。

先日もある会社で大事なお客さんを交えての会議がありました。

「部長、○○○には来週打ち合わせに行きます」

「なんだ○○○というのは？」

「○○○○○株式会社の略です」

「お客様の会社のことを君達はそんな風に普段略して言ってるのか？」

「はい、何しろ社名が長いので……」

「担当部署内で省略することは考えられるが、何もお客様の前で省略して呼ばなくてもいいだろう！　第一お客様に失礼だろう！」

「すみません。いつも使ってるのでついつい……。他の会社も略して呼んでますが……」

顧客であるその会社の担当者は、歴史と由緒ある会社だけに便宜上とはいえ勝手に自分の会社名を略して呼ばれたことでさすがに不機嫌。その場にいた顧問弁護士も「なんて気配りのない社員だろう」とでも言わんばかりの呆れた顔。

社名を省略しただけのことですが、時と場合によっては、非常に失礼になります。**そもそも便利ということで何でもかんでも省略してしまってていいものか極めて疑問です。**会社名が長いと言っても、たかだか五文字が三文字になるだけでした。

固有名詞はできるだけ省略するのはやめ、省略する場合は時と場所を選びたいものです。

仕事のルール

21

ギブ・アンド・ギブ・アンド・ギブでいこう

「僕は本当に運がないみたいです。こんなに運がないとそのうちこの会社も潰れるんじゃないかと真剣に心配してます。どうやったら運を呼び込むことができるのでしょうか?」

ある一部上場会社を訪問した際、いきなり社長さんからこんな質問をされました。経営コンサルタントをしているとよく聞かれることです。

たまたま社長さんから聞かれましたが、学生さんから聞かれても、新入の女性社員さんから聞かれてもいつも同じように答えます。運を呼び込むのに年齢・性別・立場などはまったく関係ないからです。

「運を呼び込む方法はあります。ただ、私流で誰か権威のお墨付きをもらった訳ではありませんが……」

「いいです。それは何ですか?」

「それを実践しても今すぐに運が良くなるのではありませんが、それでもいいのですか？」

「構いません。少しずつでも良くなれば」

「それでは、今日から**ギブ・アンド・ギブ・アンド・ギブ**を実行して下さい」

「ギブ・アンド・ギブではなく、**ギブ・アンド・ギブ・アンド・ギブ**ですか？ 何が違うんでしょう？」

「親の愛情のように見返りを一切期待せず、徹底的に人の相談に乗り手助けしてあげることです」

「そんなんで、運が良くなりますか？」

「はい、**時間はかかりますが、着実に運は良くなります。なぜなら、それを実行することによって、社長の大ファンがどんどん増えていくのです。そのファンの人達は社長を尊敬し大好きになりますから、いいことや大事な情報、つまり運を持って来てくれます**」

「なるほど、よくわかりました。今すぐ実行します」

皆さんも実行してみて下さい。時間はかかりますが必ず運は良くなります。

仕事のルール

22

たいへんよくできました

常にまわりの人に感謝の意を表そう

ほとんどの人が職場の人間関係で苦しんでます。理由は様々ですが、多くの場合、上司、先輩、同僚、部下など誰かと馬が合わないからです。

なぜ馬が合わないのでしょう？　その理由を普通、人は価値観・考え方・生き方・性格・育ちが違うからと言うでしょう。しかし、それは違います。却って違ったバックグラウンドを持っていた方がお互い補い合って上手くいく場合も結構あります。

実は人間関係で上手くいかない本当の理由は、あなたが相手を認めないし相手もあなたを認めないからです。つまり嫌い同士になってしまっているからです。

では、どうしたらお互い尊重し合えるのでしょう？　それは意外に簡単なのです。常時感謝の意を表すことです。

考えてみて下さい。常にあなたに感謝してくれる人をそもそも嫌いになりますか？　そんな人を無視したり苛めたりする気になりますか？　却ってあなたもその人に感謝の念を持つでしょう。また、好きにもなるでしょう。

ですので、職場でいい人間関係を作りたかったら、周りの人に絶えず言葉で感謝の気持ちをしっかり伝え続けることです。自己満足で終わらせないためにも、相手が心の底からわかるまでです。

実際に人間一人ではたいしたことはできません。誰か、特にまわりの人の理解や応援が必要です。私たちは知らず知らずのうちに数多くの人にお世話になっています。一見自分一人の力でできたように映ることもあります。しかし、それとて冷静に分析してみると、色々な人の協力や助けがあった賜物です。

従って、例え些細なことでも、何かしてもらったら、心から感謝の意を表しましょう！　**その感謝の気持ちを表現するタイミングは、早ければ早いほどより誠意が伝わりますので、すぐにやりましょう！**

嘘だと思ったら、ぜひ試してみてください。昨日まで敵だったはずの人が、急に味方になります。**感謝の意を表すということは、相手に対してそれだけ強力かつポジティブなインパクトを与える「特効薬」なのです。**

仕事のルール
23

絶えず人を励まそう

講演終了後突然質問されました。

「落ち込んでいる時、どうやったら元気になれますか?」

「人それぞれ落ち込んだ時の克服の仕方があると思いますが、私の場合落ち込んでいる時こそ人の相談に乗りいっしょに悩み同苦し、心の底から激励します」

「自分が落ち込んでいる時に他人を励ますことなんかできるのでしょうか?」

「他人の悩みを聞いていると、いかに自分が恵まれている環境にあるかが見えてきます。そしてその人に同情し、励ましているうちに落ち込んでいたはずがどんどん勇気が出てきて、自分の置かれている環境に心から感謝できるようになるのです。一度やってみて下さい。理屈で説明してもピンとこないでしょうし、経験しなければわかりませんから……。実際のところ私の場合もの凄く力が涌き再度頑張る気になれます」

「なんでそんなに力が湧くのですか?」

「他人の相談に乗ることで、いかに自分が恵まれているのか、また一見大きそうな自分の問題がどんなに小さいかがわかります。それは他人を励ましているからこそ気が付くのです」

私は、最も尊敬しているリーダーが米国で言われた何気ない言葉を一生忘れることはできません。それがその後の我が人生の生き方の原点にもなりました。彼は質問してきました。

「人間に生まれてきて人生で最も幸せで尊い生き方とは、どのように生きることかわかりますか?」

「すみません、私はずっとその答えを追い求めてきました。しかし、未だにわかりません。ぜひ教えて下さい」

「それは、死ぬ最後の最後まで損得勘定なしで一人でも多くの人を励まし、応援し続けることです! それをし続けると信じられないほどの力が湧き、強運になれますよ!」

私にとって「眼からウロコ……」とはこのことでした。長年捜し求めてきた「人生をどう生きるか」の答えが、彼のその言葉の中にありました。自分にとって一生に何度もないであろう「悟りの境地」となりました。

それから二十年。人を励ますことの大切さを仕事でも何度も経験させて頂いています。

仕事のルール

24

まわりの人のいいところだけを盗もう

「あーあー。せっかくまともで色々学べると思って期待してたのに、課長は優柔不断だし、グループ・リーダーはめちゃくちゃ短気。挙句の果てに東大出てるから賢いと思っていた先輩はズボラで超丼勘定……。隣に座ってる祐子ちゃんはどけちで意地悪。私のまわりには誰も尊敬できる人がいないや……」

私が友人宅で仕事の打ち合わせをしていた時、帰宅したばかりの新入社員のお嬢さんがため息つきながら独り言。すかさず、聞くに堪えがたくなった友人は、お嬢さんに父親として一喝しました。

「お前何を偉そうなことを言っているんだ！　お父さんだって上場企業の社長を十年以上やっとるが、欠点はいっぱいある！　完璧な人間なんていないんだ。第一そんなの人間じゃない！　人の欠点をけなす暇あったら、まず彼らの長所を学べ！　お前なんか彼らと比較にならないほど欠点があるぞ……」

少しお酒の力もあったようですが、優しいはずの友人がこれほどの剣幕で叱り付けるのを見たのは初めてでした。ただ、指摘していることはまったく同感で、さすが多くの人を使い見てきた上場会社の社長とあって「見事」の一言につきます。

初めて会って相手が素晴らしいと判断した場合、ずっと素晴らしくいてもらいたいという気持ちは誰しも持っていると思います。しかし、少し付き合っただけでどんな人間かを知り得るのは、非常に難しいことです。

人それぞれ長所・短所があり、それが人間の証とも言えます。現実的に自分のまわりにデール・カーネギー、マハトマ・ガンジー、キュリー夫人、マザー・テレサなどのような立派な方々がいつもいることはあり得ないことです。

大事なことは、どんな人にも長所があるため、周りの人々から優れたところはどんどん謙虚に学び盗んでいくことではないでしょうか。

経営コンサルタントとして世界中で様々な会社と人を見てきて、一つのユニバーサルなルールに気付きました。それは、**まわりの人からいいところだけ盗もうという謙虚な気持ちをずっと維持できるかどうかが、勝ち組に残る鍵になることです。**

仕事のルール

25

嫌なことを誰よりも率先してやろう

顧問先企業で打ち合わせを終え、帰ろうとしてエレベータに乗った瞬間、隣に立っていた若手女子社員が話しかけてきました。

「今お世話になっております経営企画室新入社員の○○○○と申します。突然で失礼だと存じましたが、先日の社内研修でのご講演の際、困ったことや質問があれば、いつでも直接連絡下さいと言われておられましたので、お言葉に甘えましてぜひご相談させて頂ければと思い、勇気を出してお声をかけさせて頂いております。こんなところで急に質問させて頂くの、ご迷惑でしょうか？」

「いや、大丈夫ですよ。次の顧問先に行くまで少し時間があるので……。何でしょう？」

エレベータが開き、落ち着いて話もできそうもないので、会社一階にある喫茶室で引き続きお話を伺うことにしました。

「実は私は東大法学部を出て、上場企業の中で最も勢いがあり、若手にもチャンスを与えてくれるということでしたので、今年四月に当社に入社しました。最初は男女関係なくいっしょの研修でしたので良かったのですが、今の経営企画室に入ってからは、秘書を除き、女性は私一人で、早朝より雑巾がけを含め掃除・お茶汲み・電話応対まで、ほとんどすべて雑用は私一人に回ってきてます。たまたま、今の部署では新人は私一人ですが、たった一年しか違わない先輩達は、それは新人の仕事だからと言って何もしてくれません。もう限界です。他の部署に回してもらえないようでしたら、会社を辞めようかと思っています……」

一流大学を出たのに「なんで私だけがこんなことを」というエリート意識を私は彼女から垣間見たので、少し厳しく言いました。

「大変ですね。でもあなたは間違っています。**掃除・お茶汲み・電話対応は立派な会社の仕事です。嫌なことなので誰もやりたがらないかも知れませんが、誰かがやらなければ会社は困ります。だったら、新人であるあなたが率先してやったらいいじゃないですか！　安心して下さい。あなたのそんな仕事ぶりを見る人は見てますから。エリート意識が少しでもあれば快くできませんよ。自分との戦いです。一生掃除やお茶汲みをする訳じゃないですから……」**

若い時に嫌なこと辛いことをした分、人間として力がつきます。ぜひ挑戦してみて下さい。

仕事のルール
26

姿勢よく座ろう

「バカもの、姿勢が悪い！　ビシッと座れ、ビシッと！」

突然の上司からの罵声に驚くと共に、なんで座り方一つで朝からこんなに怒られなければいけないのか、その若手社員は理解に苦しんでいるようでした。

たまたま顧問先である上場したてのベンチャー企業に訪問した時の出来事です。その社員はかなり落ち込んでいる様子。

私も小さい時よく両親に叱られました。座った時の姿勢が悪いためにです。納得できなかったので母親に聞いたところ、四つの理由を指摘してくれました。

まず、姿勢が悪いと病気になる可能性が高まるから。二つ目に心身ともにダラダラと緩むこと。三番目として一生懸命頑張っている人が見たら邪魔な存在となる。最後に早く疲れて集中力が落ち、続けていることが嫌になるからとのこと。

なるほど、今家庭や学校では姿勢のことは昔ほど指摘したり、正したりすることがなくなったように見受けられます。自己管理するべきこととして、そこまで手取り足取り教えなくなったためでしょうか。どうもそうではないようです。教師や親が自信や情熱をなくし厳しく言えなくなってきているからではないかと危惧しています。

両親がいつも嫌というほど姿勢について厳しく指摘してくれたため、私は姿勢はよい方になりました。そのため、長時間仕事しても疲れませんし、仕事の集中力はかなりつきました。また、学校時代も卒業してからもまったく病気したことはありません。その上、大学を出て入社してから独立するまで、そして独立してこのかた遅刻や欠勤は一度もありません。

小学一年生から大学まで競泳をやってたことから体力がついたことも大いに貢献していると思いますが、最も大きな理由は姿勢がよいからだと思っています。よく、色々な方から姿勢がよいと言われます。まあ、姿勢がよくいつも胸を張っているので、威張っているようにも見られます。また、肩書き上社長でもあるので、丁度いいのかも知れません。

いずれにしても、姿勢よく座るよう指摘して下さることは、あなたのことを本当に思って言ってくれている証拠です。注意してくれた人に感謝すべきですし、自分のために努力して直すべきです。

仕事のルール

27

職場は人生大学

これは弊社専務の口癖です。彼は東大を出て大手銀行に就職。その後、大手シンクタンクや外資系投資会社など経て、中国上海で会社経営にも携わりました。彼はよく言います。

「社会に出たら一流だろうと何であろうと出身大学なんて関係ない。今何ができるか、どれだけ会社のために稼ぎ、貢献できるかだ！」

まったく同感です。以前弊社も一流大学出身者や一流企業での管理職・役員経験者を多く中途採用したことがありました。一流大学を出て、一流企業でそれなりの経験をし責任職をこなしてきた人ならば、そこそこの仕事ができるであろうとの判断からです。

結果は大外れでした。一流大学・一流企業出身ということでプライドばかり高く、弊社での仕事はまったくできませんでした。できなかったというより、正確には大企業で重職を長年した経験から、人に仕事を振ることは上手ですが、自分一人では何もできないのです。つまり、一日中会社でブラブラし、電話で指示だけ出しているのです。怒った専務は、彼らに言いました。

「当社のためにプライドを捨て、一人で営業し稼ぐ気がないやつは即刻辞めろ！」

結果的には当時の中途採用ベテラン社員は、専務を残して見事全員、辞めてもらいました。その時に専務が一喝。

「職場は人生大学や！　どこの一流大学を出たとかどこの有名企業に勤めたと言っても仕事できないやつは信用できない。職場を人生の道場と思って修行する気のないやつなんか、社長いりませんよ！　辞めてくれてせいせいした」

とても格好いいし、物事の本質が分っている人だと思いました。さすが、異国の地で経営者として苦労してきた人です。

教育を受けるのは学校だけではありません。**人間がいるところすべて教育の現場です。人生の時間を最も使い、様々な人がいて人間の組織を作っている会社こそ、最も重要な教育機関であり、最高の人生大学です。**その最高の教育機関で仕事を通じて様々なことを学び合い、人間性を高めていきたいものです。

仕事のルール

28

どんな時でも嫌な顔はしないようにしよう

当たり前のことですが、会社での仕事には、イレギュラーがつきものです。いつも決められた仕事をやっていればいいというものでもなく、自分のリズムでやっていればいいというものでもありません。また、仕事というものは、自分の頑張りに応じた結果が必ず出るとも限りません。

今日やり終えなければならない仕事に懸命に取り組んでいる時に、突然上司から、別の仕事を頼まれることはよくあります。それも「急ぎでやってくれ」とのコメント付きで。

もしくは、自分では満足のいく結果が出せたと思っている仕事に対して、上司から厳しい評価が下されることもあるでしょうし、時には、四苦八苦して仕上げた仕事に対して、簡単にやり直しを命じられることも。

そんな時、あなたはどういう反応をするでしょうか？　大概の場合、上司に対する不満の色を、顔に出してしまうのではないでしょうか。

「なぜこの仕事を私がしなければならないの?」「え? これ以上の結果は、俺には出せないよ!」「一生懸命にやったのにやり直しだなんて、全く意地悪な上司だな」等々……。

しかし、気をつけなければいけません。この一瞬のあなたの反応を、上司はよく見ています。**信頼して仕事を任すことができる部下なのか、それとも心配で何も頼めない部下なのか。それによって、あなたの今後の処遇まで決まってしまうのです。**

私が考える、**上司に好かれる部下とは、まずどんな仕事を頼んでも「はい、喜んで!」と受けてくれる人、次に叱ってもへこたれない人、そして状況に応じて態度を変えない人です。**

私の会社でも、毎日それぞれが忙しく担当の仕事を処理していく中で、どうしても突然入ってくる仕事があります。誰に頼もうかと思った時に、やはり何でもいつでも素直に受けてくれる人に自然にお願いすることとなります。**Aさんなら、嫌がらずに受けてくれるだろう、という安心感があり、失敗しても前向きにやり直してくれるという信頼感があるからです。このAさんのように何でも喜んで受けてくれる人なら、仕事の結果も当然満足のいくものとなるので、評価も上がり、昇給・昇進にもつながっていくのです。**

心で葛藤しても、嫌な顔は見せない、これは良き社員の必須条件だと言えます。

仕事のルール
29

なんでもいいからわくわくすることをしよう

先日、新入社員を対象に「社員としての心得」に関する研修を行いました。既に、正社員になる半年以上も前からインターンとして働いている人達に「現状での職場の問題点」について聞いたところ、「刺激がない」「新鮮さがない」「慣れたので、スピーディーに仕事をしなければならないというプレッシャーがなくなった」というコメントがありました。

インターンを先に始めたからといって、まだ働いて一年も経っていません。彼らには「なんでもいいからわくわくすること」をするよう提案しました。彼らは悪い意味での**「仕事オンリー人間」**に既になってしまっていたからです。人間である以上、どんなに好きでも毎日同じ仕事だけやっていたら、刺激も新鮮さもプレッシャーもなくなります。

わくわくすることは職場だけに限れば、常に新しいことにチャレンジすることです。同じことばかりしていれば、マンネリ化したり、ワンパターンなので要領を使ったりします。最

初は楽でいいのですが、そのうち飽きてきてしまいます。

ですので、毎回少しずつでもいいので、仕事は同じような内容・レベルではなく、多少以前よりレベルアップしたものをさせるようにすると、社員は緊張感から少しはわくわくしながら仕事ができるものです。

また、社員側もマンネリ化防止のために、仕事以外に何か楽しくチャレンジできることを見つけることです。職場だけで常にわくわくするような心理状態を作り出すのは無理です。

職場以外の趣味や習い事で、好きなもの、本当に学びたいことを選びどんどんレベルアップを図ることでわくわくする毎日を送りましょう。色々な人と出会うことも刺激になるでしょう。そうすることで、仕事でも効率よく成果を出せるようになるものです。

私の場合、暇さえあれば文章を読んだり書いたりしています。また、人と会い新しい価値観・考え方・情報を教えてもらうことで毎日をエキサイティングなものにしています。仕事以外のことでわくわくしていると、仕事自身でもわくわくしてくるから不思議です。

仕事でのわくわく感でも仕事で作られるものではなく、会社外で演出されます。そのためにも、社内だけで友人を作るのではなく、社外での人的ネットワークを作り、色々活動してみて下さい。大事なことは、仕事以外のことでわくわくし、仕事でもそれを生かすことです。

仕事のルール

30

なんでもいいからリーダーを務めよう

振り返ってみて、今までやってきたことの中で、私にとって仕事をやる上で一番役立ったことは、リーダーをやらせて頂いたことです。リーダーと言っても色々ありました。

小学生の時は、図書委員長、美術部部長をやり、中学では、水泳部部長などもやりました。

小さい時の体験も大事ですが、十代後半から二十代でのリーダーの経験は掛け替えのない財産になります。その時期ではまだまだ経験・知識・自信はありません。にもかかわらず、まとめていかなければならない対象の人達は、ある程度自分というものを持ち、命令では動きません。一番苦労して人をまとめていかなければならない時期でもあります。

その時にいかにみんなを同じ方向に向かわせ団結して成果を出させるかということは、組織の大小にかかわらず、大変なエネルギー・能力・勇気が要求されます。それをやってのけることは、人間として大きく成長し魅力もつきます。

どんな仕事につこうと、成功に欠かせないことがあります。それは対人関係マネジメント能力です。つまり、どこの会社や組織に行こうと、そこには必ず人がいて、その人たちと上手くやっていかなければ、自分の評価・価値もなく、当然成果も出ません。

学生時代にスポーツや体育会系クラブをやっていた人が会社に入ったら、俄然力を発揮します。よくよく観察してみると、彼らには共通点があります。まず、スポーツで鍛えた強靭な体力と根性。それ以上に、スポーツ活動を通じて、人をまとめたり、リードすることを学んできているのです。

「私はリーダーに向いていないからリーダーをやれと言われても……」とよく聞きます。それは違います。**リーダーに向いていないからこそ、リーダーの経験が必要なのです。**一度は職場でリーダーを経験してみてください。どれだけ大変か、どれだけ力がつくか、痛感することでしょう。

そうすると、上司を含めリーダーをしている人に対する敬意を払い、感謝し素直に協力する気持ちになれます。毎年新人が入社してきて、気が付いたら部署の中で自分が一番上だったりします。その時、嫌でもリーダーをやらなければならなくなります。今のうちにリーダーとしての力をつけておかなければ、後輩に追い越されるのは時間の問題でしょう。

仕事のルール

31

たいへんよくできました

毎日大いに挫折しよう

クイズです。次の二人は誰でしょう?

まず一人目。二十二歳でビジネスに失敗。二十三歳で地方議員選挙落選。二十四歳で再度ビジネスに失敗し、二十六歳の時、最愛の恋人が死去。二十七歳で神経衰弱の病いにかかる。三十四歳、三十九歳で連続して下院議員選挙に落選。四十六歳でまた上院議員選挙に落ちる。四十七歳の時、副大統領選挙に敗れる。四十九歳で再び上院議員選挙に落選……。

二人目です。六歳で父を失い、三人の兄弟の世話をしながら、働きづめの母を助けるために家庭料理を手がけるようになる。十二歳の時、母の再婚をきっかけに家を出てからは、機関車の助手や保険の外交、蒸気船、フェリーのサービスステーションなどの様々な職業を転々としながら三十代後半でガソリンスタンドを経営するが、干ばつや大恐慌で倒産。六十歳でレストラン事業を始めるが、失敗し多額の借金を抱え込み、社会保険で生計を立てる。

六十二歳で、背水の陣の思いで更に借金に借金を重ね、手元に残ったわずかな資金で再度レストラン事業を模索。六十五歳でそのレストランを事業化し、世界初のフランチャイズビジネスを始める。

最初の人が、後に第十六代アメリカ合衆国大統領となるエイブラハム・リンカーンで、二人目は、世界最大級のフランチャイズビジネスとなった「ケンタッキー・フライドチキン」の創業者、カーネル・サンダースです。

この話を聞くと、職場での挫折なんてたいしたことないと思いますね。**挫折は繰り返せば繰り返すほど力がつきます。**私も小さい時から挫折の連続でした。小学一年生から競泳選手を目指し大学生まで必死に練習しましたが、背が伸びず挫折。国際経営コンサルタントになるという夢を持って米国の経営大学院を七校受け、全大学院の受験に失敗。ようやく拾ってもらった国際会計・経営コンサルティング会社に勤めている際に米国公認会計士を毎年受験するが失敗の連続。念願叶って国際経営コンサルタントとして米国で独立するが、その直後、資金・信用・人材などすべてを賭けて応援していた会社が倒産。

挫折は繰り返しましたが、その経験が今大きな財産になっています。挫折した分、コンサルタントとして力もついたようですし、どんな困難でも乗り越える自信がつきました。

仕事のルール

32

たいへんよくできました

本を読んで知恵と運をつけよう

人生を何度も生きることができたら、私達の生きる姿勢はまったく違ってくることでしょう。しかし人生は一度きりです。この一度の人生を、どのように豊かに生きていくか。

そのヒントは「読書にある」と私は思います。小説、詩歌、ミステリー、実用書など様々な種類の書籍がありますが、どの本の中にも、著者の人生経験に基づいた豊富な知恵が溢れていて、自分の人生では経験できない新しい何かが書かれています。

そして私達は、本を読むということで、あらゆる違った人生を経験できるとも言えます。

著者にとって、どういう種類の本であれ一冊の本を書くということは、人に何かを伝えたいからであり、そのために著者が今まで生きてきた全てを、言葉というエッセンスにして注ぎ込もうとします。だからこそ、フィクションであれ、ノンフィクションであれ、読む人になんらかのメッセージを与えることができるのだと思います。

私の趣味は、時間を見つけて本屋に立ち寄ることです。現在、ベンチャー企業の経営者として、また経営コンサルタントとして、一週間が十日に、一日が三十時間にも匹敵するほど忙しい毎日で、日付が変る前に帰宅することはほとんどありませんが、移動の合間や週末のわずかな時間を見つけては頻繁に本屋に立ち寄ります。

私の場合、たくさん並んだ本に囲まれるということが、まず心地よい。現在は仕事柄、ビジネスコーナー、情報雑誌コーナーに立ち寄るのが主になりますが、**パラパラとページをめくりながら、溢れている情報に浸るのもわくわくするし、背表紙のタイトルを順番に眺めていくだけでも仕事のヒントを得たり、意欲が湧いてくるのが不思議です。**直感で数冊買って帰るので、書斎は本で溢れています。読書の時間は主に通勤の電車内です。

私は、特に成功している人の本を読むようにしています。なぜなら、過去の人であっても、現在の人であっても、そこには幸運のキーワードが潜んでいて、そのカギを文中から見つけ出し、自分のものにしていく作業は、私にとってこの上ない楽しみだからです。その本を読むだけで、著者の強運が読者に移る、そんな気がします。数え切れない本の中から出会った一冊は、大切な縁なのですから。

読書を通じて主人公や著者と出会い、少しでも充実した人生を！

仕事のルール

33

お金（報酬）を追えばお金で滅びる

これは米国に十七年間いて、ぜひ皆さんにお伝えしたいメッセージです。一般的な言い方にすれば**「お金で溺れる人はお金に泣く」**ということでしょうか。

知人で金融のプロがいます。彼はスタンフォード大学を出て、米国のハーバード・ビジネススクール（経営大学院）を優秀な成績で卒業し、一流証券会社に入社しました。

とてもハングリーな性格なため、新人でありながらどんどん成果を出し、報酬もそれにともなって上がっていきました。それでも、自分が会社に儲けさせてあげている額からすると報酬は少な過ぎると判断し、もっと報酬を出す投資銀行に転職してました。そこでもそこそこの成果を出しましたが、また昇給率に納得がいかず、同業他社に転職する羽目に。そんなことをほぼ毎年続けているうちに、「多少なりとも成果は出すものの、お金ですぐ動くあてにならない人」という評判が業界で立ち、遂にどこからも信用してもらえなくなり、転職先もなくなってしまったのです。

似たような話を聞いたことありませんか？ 米国にいた時、結構同じようなことをしているエリート達にパーティーなどで出会いました。そういう人達は一見頭がよく優秀そうですが、人をバカにした話し方で自慢話ばかりし、顔にいやらしさのようなものがにじみ出ているため、業界の人間ならばすぐに察知します。

日本に戻ってきて、同じような若手エリートに会いました。一流大学を出て、国内外の一流ビジネススクールに自費か会社派遣で留学した後、実力と報酬が違うということでより高い報酬を求め、毎年のように転職を続けている人達です。

私は米国のテキサス州立大学（ダラス校）経営大学院（ビジネススクール）で七年間ビジネス全般を教える機会を得ました。その時の経験やエピソードは「ＭＢＡでは学べない勝つ経営の本質」（日経ＢＰ企画刊）にまとめましたが、卒業生をフォローしてみると報酬を追う人は優秀でも最後はお金で苦労しています。

先日出会ったある会社の新入社員は、たった数千円給料が違うから、遣り甲斐のありそうな仕事をさせてくれそうな会社より、有名企業に就職を決めたと堂々と自慢していました。

若い時はお金より、どれだけ好きか、どれだけ力がつくかで仕事を選びたいものです。

仕事のルール

34

たいへんよくできました

どんな時でも言い訳をしないようにしよう

私が大嫌いなことの一つに「言い訳」があります。言い訳をしないで生きて行くのは、たしかに難しいことです。反対に、**言い訳をすることは、実に簡単なことです。**約束した時間に遅れた場合、あなたはどうしますか？　また、仕事上で失敗した場合はどうでしょう？　言い訳を考えるのは、難しくないですよね。

相手には、あなたの行動を全て把握することはできないので、いくらでも理由を創作できるのです。本当は寝坊しただけなのに、自分の非を知られたくないために、子供が急病になったので病院に連れていったと言うこともできます。仕事の失敗も、ちょっと考えれば、いくらでも理由が見つかるでしょう。

言い訳とは、実に「自分の失敗を隠し、自己正当化するための悪知恵」なのです。だからそこには、その人の人生に対する卑怯な姿勢が見て取れるので、私は言い訳をする人を信用する気にはなれません。

言い訳をしないということは、自分の行動にいつも責任を持てる、ということであり、これこそが真の大人として、社会人として心がけるべき姿勢ではないでしょうか。

しかし残念なことに、日本社会では言い訳をしない人に出会うことのほうが難しいかもしれません。一方、失敗したら言い訳をせずに謝ればいい、それで許されるという安易な姿勢も考えものです。では、どうすればいいのか？

それには、言い訳が必要な失敗は、しないようにするしかありません。つまりあなたが責任を取れない失敗はしないと決めて、最大の注意と努力をすることです。

確かに人生は失敗の繰り返し、事実、私も今まで失敗の繰り返しで生きてきました。世界の一流の人達も、失敗が転じて成功した例がたくさんあります。つまり、成功につながる失敗は大いにしてもよいわけです。しかし、他人に迷惑のかかる失敗、言い訳を必要とする不注意によるミスはしないことです。そして、一度した失敗は二度と繰り返さないこと。

これは、常に「心がける」ことで実行できます。

言い訳によって信用を無くす人生か、ちょっと大変でも、日頃の心がけで言い訳をしなくてすむ人生にするか、どちらが得かはあなたの判断次第です。

仕事のルール 35

一度注意されたら二度と同じことを言われないようにしよう

何度注意されても同じ失敗を繰り返す人があなたの職場にもいませんか?

その人は、とても不誠実なことをしています。

何度言っても直らないと言うことは、言われていることを真剣に聞いていない、受け入れていないということだからです。

普通、尊敬できない人から何かを言われても、素直に聞く耳は持てませんよね。あなたの会社でも同じことが言えます。つまり、注意してくれた人を尊敬していないから、何度言っても同じ失敗を繰り返すわけです。もし、あなたが上司から注意されたことを繰り返すとすれば、注意してくれた上司からすれば、あなたは実は上司を尊敬していないんだと判断されれてしまうのです。

例えば、注意してくれた人が、あなたの大好きな恋人だったらどうでしょうか?

「今日の君の服装、ちょっと似合っていないよ」「君の香水、キツ過ぎるよね」

あなたは、しまった！ と思って、二度と同じ服は着ないでしょうし、二度とその香水はつけないでしょう。**好きな人に言われたことは、絶対に繰り返さないはずです。それはもちろん、嫌われたくないからです。**

会社で同じ失敗を繰り返すということは、上司に嫌われることを、何とも思っていないということであり、上司に信頼されて将来を嘱望されることを拒否していることなのです。

あなたの会社が、サービス業であった場合は、最悪の結果を招くでしょう。お客様相手の仕事で、同じことで注意を繰り返されるということは、お客様に言われたことも即座に対応できないということの証明なので致命的です。本来ならば、言われなくてもお客様の立場に立って、何を望んでいるかを察し、的確なサービスをするのが当然なのですから。

上司に嫌われる前に、お客様に去られてしまうでしょう。

また、何度言っても変らない人は、そのうちまわりの人が何も言わなくなります。言われなくなることは楽かもしれませんが、それが得か損かは少し考えてみればわかりますよね。

取り返しがつかなくなる前に、一度注意されたことは即座に直すようにしましょう。

仕事のルール
36

たいへんよくできました

約束の時間より五分早く行こう

仕事でもプライベートでも絶対に行なうべきことがあります。約束をしたら時間を守ることです。しかも、待ち合わせよりも五分は早く着くようにして下さい。

最近では携帯電話の普及で、時間にルーズな人が多くなってきたように感じます。時間に遅れても、携帯で連絡すればいいとでも思っているのでしょうか。これは大きな間違いです。

基本的には、待ち合わせの時間がタイムリミットです。約束の時間を守れない人はルーズだと判断されてしまいます。また、五分余裕を持って行けば、何かあった場合でも、間に合う可能性は高くなりますし、何かあっても対応する時間もあるということです。

いつもいつも、なぜか五分約束の時間に遅れてくる人が来ました。彼は、仕事はきちんとこなすのですが、彼と仕事をしているスタッフは、打ち合わせ時間より五分前に、約束の場所にいつも来ていました。ですので、彼を待っている時間は合計十分以上になります。いつものことなので、そのうち、待ち合わせ時間を五分早く伝えることにしました。すると時間通りに来るのです。

となると「ワザと遅れてきているのか」「待たせることで、自分が一番偉いと思わせたいのか」と変な不信感をスタッフは持つようになりました。その結果、彼のスタッフは一人離れ二人離れて、懇意にしていたスタッフはほとんど彼の元を離れてしまったのです。

先に述べましたが、彼は仕事はできる人でした。それでも、このようにちょっとしたことでスタッフは不信感を高めていき、袖を分かつ結果になってしまったのです。

絶対に約束の時間に遅れないように心がけることです。もしも相手がもっと早く来ている人だったとしても、約束より早くその場に着くことによって「気遣いのできる人」として評価は高まります。

小さいことですが、時間に関する評価は意外と大きなものです。能力以上に評価される場合もあります。少なくとも私の過去の上司達は、時間にはとても厳格で、私も時間を常に守っていましたので、能力以上の評価をしてくれました。

たかが五分、されど五分。たった五分の違いであなたの人生の展開が大きく変わることすらあります。また、その些細な五分の心がけをまわりの人達は本当によく見ているのです。

仕事のルール

37

たいへんよくできました

人の相談に乗ろう

私は人の相談に乗るのが大好きです。暇さえあれば人に会い色々な相談に乗っています。驚くかも知れませんが、小学生の時から人の相談に乗ってきています。母親が人の相談に乗るのが大好きで、いつもいっしょに付いて行って横で話を聞いていたことから、私まで大好きになりました。小学生の時は、姉や学校・スポーツクラブの友達の相談に乗り、一生懸命激励していました。時には学校の担任や他の先生の相談にも乗ったこともありました。

なぜ人の相談に乗るのが好きかと言うと、困っている人を見るとなんとか助けたくなるからです。また、いずれ自分や家族も同じような問題で悩む日が来るのではないかと思うと人事ではなくなります。気が付いたら相談に乗った人の問題だったのに、自分の問題になって同苦しているのです。

高校三年生の進路の選択の段階で、困っている人の相談に乗り、激励し助けられる職業がないか真剣に探しました。ただ、決して頭はよくありませんでしたので、高度な学問が必要な分野は能力的に無理だと思い、実践的であり、身近に感じられたビジネスに関する相談に乗る仕事を探しました。その結果、現在の「経営コンサルティング業」を見つけ、これをライフワークにすることにしたのです。

ビジネスの分野に限ってはいるものの、人の相談に乗る「経営コンサルティング業」を長年職業にしてみて、つくづくと痛感します。「本当に自分にぴったりの天職だなあ……」と。

「自分のことで毎日手一杯なのに、人の相談まで乗っている余裕はありません」「若くて経験・知識がないので、とても人様の相談に乗り、励ます力などありません」などとよく反論されます。なるほど、一見、理に叶っています。

ただ、それらは本気で人の相談に乗ったことがない人の言い分です。**もし自分の愛する人が悩んでいたら、年齢・経験・知識とは関係なく相談に乗り必死に解決策を探すはずです。実は人の相談に乗るのに年齢・経験・知識などいらないのです。勿論あった方がベターです。必要かつ大事なのは、その人のことを本当に心配し、なんとか助けたいと願う誠実な心です。**

人の相談に乗ることは人生において最高の勉強になり、人間としても成長します。また、もの凄いエネルギーも出てきます。

仕事のルール

38

たいへんよくできました

毎日語学を五分楽しく学ぼう

あるベンチャー企業の入社式での社長挨拶です。

「今後ビジネスの世界において、ボーダーレス化がどんどん進み、語学、特に英語ができない人は大企業はもとより、中小企業においても重職につけなくなるでしょうし、ビジネスチャンスも逃すことでしょう！　私も苦手ですが、毎日出社と退社の途中、車の中で英語を勉強しています。皆さんも負けずにチャレンジして下さい！」

まったく同感です。私は、五年前より株式会社伊藤園の社員対象に能力開発目的のため創設された企業内大学である「伊藤園大学」で、「国際ビジネスコース」の講義をさせて頂いています。海外事業展開をする上で即戦力の人材となることを目指し、海外雄飛を夢見た若手社員さん達が年二回二日間の特訓のために全国から募ってきます。講義は容赦なく英語で行うこともあり、いつも次のような質問を受けます。

「毎日早朝から深夜まで業務で殺人的なスケジュールです。海外で頑張りたいのですが、英語は苦手ですし、勉強する時間もありません。どうしたら早く上達できますか?」

英語の嫌いな人が英語を勉強するのはかなりの苦痛です。まして、時間がないとなると上達させることは不可能に近いように映ります。私も高校時代、英語は大の苦手で成績もずっと赤点（落第点）でした。高校を卒業できたこと自体、奇跡でもあったのですが、あまりに英語ができないので見るに見かねた担任の英語の先生が、三年生の夏に一ヶ月間米国にホームステイさせてくれました。それから、英語が身近な存在となり、日本語より楽しい言葉に思えてきました。

それで大嫌いだった英語を短期間で上達させる方法を私なりに見つけました。**ポイントは少しでもいいので毎日楽しく学ぶことです。映画が好きなら映画の台詞を繰り返して覚えるとか、歌が好きなら毎日好きな歌を歌い歌詞を覚えるとかです。**

私の場合、お金もなかったので、ラジオとテレビで放映されている英会話番組を毎日欠かさず見聞きし、英語のフレーズを歌うように楽しく繰り返しました。**「継続は力」です。「毎日五分でいいので、楽しく語学を学ぶ習慣をつけましょう!」**

仕事のルール

39

言う前に言っていいかどうかまず考えよう

日本の格言に「覆水、盆に返らず」という言葉があります。一度溢れてしまった水が、盆の中に戻ることはあり得ないということで、取り返しがつかない失敗のことを言います。

この、とり返しがつかない失敗とは、口から始まることが多いと思います。**「災いは口より出でて身を滅ぼす」とも言いますが、まさに言葉による失敗は、とり返しがつきません。**言葉は言葉ですが、ただの言葉では終わりません。口から出た言葉は、相手の心にしっかりと刻まれてしまいます。紙に書いた文字は、消すことも破り捨てることもできますが、口から出た言葉は絶対に消せないのです。たとえ相手の耳に入っていなかったとしても、最近では、録音技術も進んでいますので、言ったつもりはないではすまされません。

失言という失敗によって、一体何人の政治家が辞職に追い込まれたことでしょうか。

また、世界からヒンシュクを買うことになった政治家の発言などは、枚挙に暇がありません。うっかり口にしてしまった一言によって、信用を失い職を失い、果ては家族からも去られてしまう人までいるほどです。まさに、「気をつけろ！」ですね。

家族や気の置けない友人との間では、ちょっとした失言はよくあることで、お互いに許せることかもしれませんが、職場においてやお客さんに対する失言は、思わぬ結果を招きます。

一度言ったことは消せないので、たとえ何万回謝って言い直したとしても、この人はこんなことを考えていたのか！　という相手のショックは消えないし、ギクシャクした関係は続き、修復する方法はないと言ってよいでしょう。

家庭の中でも、発言には充分注意が必要です。たとえ夫婦であっても、ちょっとした心ない一言が深く相手を傷つけてしまうからです。長年連れ添った夫婦といっても、血のつながりのない他人同士が、愛情という純粋な感情でつながった関係なのですから、愛する相手からの一言は重みを持ちます。夫婦間での口喧嘩が、最後は激しいののしり合いになるのは、気を許しあっている関係というよりも、愛情が一瞬にして憎しみに変りうるほど純粋な関係であるからだと思います。ましてや親子関係においては、夫婦以上に切っても切れない関係であるだけに、一言には気をつけるべきでしょう。家庭こそ人間関係の学習をする原点の場でもあるからです。

仕事のルール

40

セミナーやイベントに出まくろう

長いようで短い人生です。たかだか頑張って生きて百歳前後。その中で何人との意義ある出会いがあるでしょう。経営コンサルタントという職業柄、次のことをよく聞かれます。「自分を向上させるにはどうしたらいいのでしょうか?」「自己啓発の効果的な方法は何でしょうか?」「能力をアップさせるには?」と。

私の場合、特効薬は二つあります。まず、本を読みまくることです。これはほとんどの方が実行していると思います。もう一つは、セミナーやイベントに出まくることです。これは、時間とお金、更に実際に会場に行って理解に努めるという労力が必要ですので、意外と実践している人は少ないようです。

劣等生だったにもかかわらず、高校卒業直前に急に国際経営コンサルタントを目指すことにしました。それで、自分の人間性と必要な能力を向上させてくれそうなセミナーやイベントは出まくりました。例え高額でも親や姉に借りてまで参加しました。

例えば英語が全然できなかったにもかかわらず、いつかペラペラになりたいと思い、米国一流週刊誌「TIME」を教科書に使って学ぶ、「速読の英語」という講座を三ヶ月かけて受講しました。受講生のほとんどが同時通訳者や海外長期留学経験者で、私とのあまりのレベルの違いに愕然としました。講義はまったくわかりませんでしたが、「いつかこういう講座の講師ができるくらい知識と英語力を身につけるぞ！」と決意しました。

あれから二十六年。あの講座を受講したお陰で、その時の悔しさをバネに米国に行って必死に学びました。そして、アメリカ人大学院生を相手に米国経営大学院で英語でビジネス全般を教えられるまでになりました。

すべては、あの講座「速読の英語」を受講したことから始まりました。**本で読むと理解に時間がかかることでも、直接講師に教えてもらったら一発で理解できることもあります。**今では、私は毎週のようにセミナーで講演させて頂いていますが、学生や若手社員が背伸びして講義を受けてくれている姿を見ると、昔の自分が懐かしくて、思わず「頑張ってね！　今理解できなくても、学び続ければ将来必ずものになりますよ！」とついつい励ましています。

一流の経営者の中でもセミナーやイベントに参加し感化され人生が開けた方も多いのです。

仕事のルール
41

毎朝経済紙を読もう

先日ある講演会で毎朝経済新聞を読んでいるかどうかと質問したところ、半数以上の人が読んでいないことがわかり驚きました。もっとショックだったのは、読んでいない人のほとんどが新入社員と若手社員だったからです。

私達が新入社員や若手だった頃は、世の中の経済を理解するのに、またその動きに付いて行くため、毎朝経済新聞を隅々まで徹底的に読みました。さらに、誰かからいきなり記事のコメントを求められるのが怖くて、読まないわけにはいきませんでした。それでもどうして記事になったことが起きたのか、また細かい内容まで理解できず、自分の知識不足と理解力の乏しさに焦りを感じたものでした。

今、顧問先の会社でも若手社員と朝礼や打ち合わせなどをしている時に、少し専門的な話をするとキョトンとした顔をしています。気になるので質問したら、答えられません。こちらが知らないことにビックリしていると、知らなくても「誰も教えてくれなかったからあたりまえでしょ！」と言わんばかりの顔をしています。あまりひどい時は、「今朝の新聞に載ってたし、第一常識ですよね！」と厭味の一つでも言いたくなります。

ちなみに、アメリカのビジネスエリート達は年齢にかかわらず、毎朝よく経済新聞を熟読しています。私が新入社員の頃、アメリカ人上司が毎朝経済新聞を六紙読んでいると聞き、まずいと思い慌てて真似して同じ六紙をとり、更に日系経済紙二紙追加して必死に情報をとる努力をしてました。それが日本に帰国した今でも日課となり、毎朝日本経済新聞から始まり八つの新聞を読んでいます。新聞を会社に着くまでに読み切るため、私は会社には車では通いません。電車のみです。毎日続けていると、お陰さまで満員電車の中でもまったく人の邪魔をしないで、端から端まで複数の新聞を読むテクニックを身につけられました。

将来会社を担っていかなければならない若手社員が、基礎的情報源である経済新聞を読まないとなると、その時点で負け組に入る大きな原因を作っているのではないでしょうか。新人時代は会社について行くのがやっとです、経済紙ぐらいは読まないと、ビジネスの常識から取り残されることでしょう。

仕事のルール

42

たいへんよくできました

いつも前向きなジョークを

これは米国に十七年いたことでとても感謝していることの一つです。私は日本にいた頃、超真面目で冗談一つ言えない、つまらない人間でした。それが、ある日突然米国に行くことになり、母に「男になって来い！」、「ユーモアのセンスを身につけておいで！」などと気合を入れられたのでした。「ええ!!　人生二十二年も生きてきて今さら外国行ったくらいでそう簡単に性格変わるわけないでしょ？」と諦めムードで渡米しました。

ところがです。超根アカのアメリカ人に絶大なる影響を受けて、私は超超超（超三つ）根アカになってしまいました。挙句の果てに、唯一の長所であったA型人間的、つまりきめの細かい性格だったのが、O型中心社会であるアメリカ人に感化されて、いい面でも悪い面でも、ドンブリ勘定となり限りなくO型に近い性格に変身してしまいました。

元々自分の「みみっちい」性格に嫌気がしてましたので、大変喜ばしい変身を遂げたのです。本当に米国社会並びにアメリカ人には感謝しています。もし、米国に住んでいなければ、今でもせせこましく生きていたことでしょう！

米国で生活を始め十年位が経った頃、気が付いたら根アカになっていました。何で気付いたかと言うと、大手国際会計・経営コンサルティング会社に勤めていた頃、締切とミスが許されないことのプレッシャーと毎日格闘していたわけですが、なぜだか元気でストレスが溜まらないのです。まわりの人はストレスが爆発し過度の心労から、ある日突然病気になったり、出社拒否したり、最悪の場合、行方不明になったりで、毎週事件との遭遇でした。

私はその頃、日中はその会社に勤め、夜は経営大学院で教えたり、博士課程の学生として自ら授業を受講したりしており、殺人的なスケジュールをこなしておりました。

一歩間違えば発狂してもいいくらい、緊張感溢れる環境に置かれていたにもかかわらず、毎日リラックスし、楽しく学び働いていました。日本にいた頃「融通性なし度」「不器用度」では右に出るものはそうはいなかった自分にどんな異変がおきたのか、今でも理解に苦しみます。一ついえる事は、**緊張したり追い込まれたりすると、前向きなジョークが自然と出て、まわりの雰囲気を和ましているのです。それが、また次へのやる気に繋がっています。また、前向きなジョークは困難に直面した際、参加者の団結を図るのにも役立ちます。**

仕事のルール

43

よくできました たいへん

頼まれたことはすぐやろう

「西村君、先週頼んだ、大木商事の大木社長とのアポどうなった？」

「あ！　あれはですね……。翌日大木社長に電話したら留守でしたので、一応電話あったことを秘書に伝えてもらうことにしました」

「え！　じゃあ、その後何もフォローしていないの？」

「いえ、また電話したのですが、その時もいらっしゃらなかったので……」

「じゃあ、まだアポが入ってないということだな！」

「はい、こんな調子だとアポ入れるのはかなり時間かかると思いますが……」

「ちょっと待て！　私が君に頼んだ時は、大木社長と電話で話した直後だったんだぞ！　なんであの時すぐに秘書に電話してアポ入れなかったんだ？　あの時すぐに電話してれば、一発でアポ入っていたはずだ！」

「すみません、そんなにお急ぎだとは思いませんでしたので……」

「普段から言ってるだろう。お客様とのアポは何よりも最優先だと。今まで、何を聞いてたんだ？ もう、いい！ 君にはもう頼まん！ これからは、何でもすぐやってくれる横山君に頼むようにするから」

「いや課長、次から気をつけますので……」

西村君にはもう次のチャンスはないでしょう。本当によく起こることです。**昔から「急ぐ仕事を頼む場合、一番忙しい人に頼め」というルールがあります。忙しい人は、次から次へと仕事が入ってきますから、頼まれたらすぐにやるからです。**

一方、暇な人や仕事のできない人は、行動が遅い上、時間があるので後でやろうとします。しかし、後になれば忘れるか、他の急ぎの仕事が入ってきて更に後回しにします。結果的には、やるチャンスを逸してしまいます。

私も職場では戦争のような毎日を過ごしていますので、頼まれたら本人の目の前で電話し、必要なアレンジをするよう心がけています。もし、その場でアレンジできなかった場合、後でも必ず実行されるよう秘書に確認するなどの手を打ちます。

頼まれたことを結果的にやらなかった場合、今まで積み上げてきた信用をすべて失います。

仕事のルール

44

言葉ではなく行動と結果のみ信用

「課長、今回はインターネットでターゲットを絞り込んで集中的にプロモーションすれば短期間でかなりチケットは売れます」

「かなり売れるって、どのくらいだ？」

「たぶん五万人以上です」

「たぶん？　ターゲットはどうやって絞り込むつもりだ？」

「まだ、具体的には浮かばないのですが、リストを入手すればいいと思います」

「じゃあ、どんなリストをどうやって入手するんだ？」

「すみません、これから調べます。でも大丈夫です！」

「なんだ、全部まだアイディア段階か！」

「はい、でもなんとかなると思います」

「なんとかなる根拠は？」

「特にはありませんが、色々なところを巻き込んでやれば必ず結果が出ると思います」

「色々なところとはどこだ？」

「提携先になり得る企業です」

「もう、いいよ！　君の言うことはいつも言葉だけだから……。具体的に成果を出したことないじゃないか！　実績もなく、なんでそんなに自信満々で言えるんだ？　今までと違って、今回は絶対に結果を出してくれよ！　そもそも君が言い出して始めたんだからな……」

よく「必ずやります」「大丈夫です」と堂々と言う人がいますが、結果が出るまではそんな言葉を信用してはいけません。それが本当かどうかその人の行動を見ていれば分かります。


言っていることが本当にできるのであれば、細かい裏付けや根拠となる情報が出せるはずです。聞いても出ないようであれば、「根拠の無いただの自信」でいい加減なものと受けとめ、信用すべきではありません。万が一、責任者がそんな言葉をあてにして進めるようでは、後で大失敗になるでしょう。

提案する人は、言ったことが現実化するかどうかで、その人の真価が問われていることを肝に銘じて、「有言実行」を実践すべきです。

仕事のルール

45

誰に対しても平等に

あなたは、相手の立場にかかわらず、上司や同僚、後輩など、皆に同じ態度で接することができるでしょうか？　上司に挨拶をする時の態度と、後輩に挨拶を返す時の態度は、同じでしょうか？　これは難しいことですよね。

役職が上の幹部に対しては、自然と声は大きくなり、お辞儀も深くなるし、後輩に対しては、挨拶も軽い声かけになるでしょう。お辞儀も会釈程度ではありませんか？

私は、長年アメリカで生活をしてきましたが、アメリカ人のよい所の一つに、誰にでも平等に接する、ということが挙げられます。矛盾するようですが、アメリカには多種多様の人間がいるために、現実にはまだまだ人種差別の壁は残っています。特に、アメリカ南部のテキサス州に長くいた私は、アジア人であることを強く意識しながら生活しなければなりませんでした。しかし、だからこそ多民族が争わず仲よく暮らして行くために不可欠な、平等意識が非常に高く、人に接する態度には日常的に大変気を配っています。

誰に対してもフレンドリーで、上司に対しても「ボブ」「キャシィー」とファーストネームで呼び、部下や家族に対する親しさと変りません。もちろん肌の色や職業の違いによっても、ほとんど態度に違いはありません（やはりゴマすり人間はいますが）。

では、日本ではどうでしょうか？

単一民族国家である日本では、人種による差別はほとんど存在しませんが、その分、立場や性別、職業などの違いで、大いに差別があると私は思います。

上司に対する態度は丁寧で、部下に対する態度は雑になり、そして毎日事務所を掃除してくれる清掃業者さんにはどうでしょうか？

私は日常的に、誰に対しても敬語を使うように心がけています。部下にも、友人にも、家族以外の人には、敬語を使っています。できるだけ立場の違いによって、態度を変えたくないからです。

誰に対しても平等に接することができる人は、どんな人でも尊敬できる人です。

どんな違いがあっても、相手を認めて尊重できる「寛容の精神」は、これからのボーダレスで多様性の時代においては、なくてはならないものだと思います。

仕事のルール

46

部下を助けよう

私の事務所は、小人数であらゆる業務をこなしています。

少数精鋭を目指したベンチャー企業ですのでたくさんの社員を雇う理由はないのですが、小人数でやっていくことには多くの利点があると思います。

①全員暇な時間が無く忙しいけれども、充実している
②上司に頼らず、自分が責任をとる覚悟で仕事に取り組むので、力がつく
③役務分担も大事だが、お互いの協力がより大事になる
④一人がいくつもの責任を持つので、大企業よりもたくさんの経験ができる

私は社長という総責任者の立場ですが、事務所の席にじっと座っていられる時間はほとんどありません。皆にお願いしているのは、一人一人が社長のつもりで、できるだけ自分で判断し実行して欲しい、ということです。弊社のような超多忙な会社では、何でもかんでも上

司の意見を伺い、判断しているのでは仕事が進みません。たくましい責任感と鋭い判断力を養って欲しい、いつもそう願っています。

その一方で、上司に相談せず自分勝手な判断をすることで、大失敗をするという場面も出てきます。そこのバランスが非常に難しく、皆が悩むところです。

私が思うのは、できる限りのことは自己責任でやっていく、しかし判断に迷う時は、些細なことでも遠慮なく上司に相談し、知恵を拝借し手も借りるということです。ここを間違えると、些細なことが大きなミスにつながり、その尻拭いに膨大な時間やお金を費やしたり、他の社員にまで迷惑をかけることになります。

私が心がけているのは、一旦は社員に全てを任せる、しかし最後の責任は全部上司が持つということです。忙しい中でも、できる限り社員の相談には乗り、助けたいと願っています。

今は上司の立場にある人も、皆かつては部下だったわけで、部下の気持ちはよくわかるはず。**会社とは、社内の全員が志をひとつにし、共通の目標を持ち、その達成のために進んでいく場所であり、一種の戦場です。上司は部下を護り、部下は上司について行く。そして、上司と部下が信頼の絆でつながり、スクラムを組んで仕事に取り組んで行くことが、競争社会の中で生き残り勝ち続ける手段だと思います。**

仕事のルール

47

いつも笑顔で

私が米国で国際会計・経営コンサルティング会社に勤務していた時に、秘書として一緒に働いてくれた日本人がいました。実に優秀な秘書で、何か頼むと、先々まで配慮してやってくれるので本当に助かりました。短大を卒業したばかりで秘書としては未経験の若い女性でしたが、今まで働いてくれた秘書の中では、今の秘書と並んでピカイチです。

彼女に仕事を頼むと、いつでもどんな難しいことでも笑顔で受けてくれました。そして、彼女の能力では難しいだろうなと思う書類でも、短時間で見事に仕上げてきます。頼んだ仕事で、できなかったことは一つもありませんでした。とても努力家で、前向きな姿勢には、本当に感心しました。

その後、私が独立したこともあって、彼女は他の会社に移りましたが、持ち前の明るさと努力でどんどんキャリアアップし、今では日系の一流商社で、なくてはならないベテランの現地秘書として働いています。

いつも笑顔を絶やさない人は、誰からも好かれ幸運にも恵まれることを実感しました。

どんな時でも笑顔でいられるということは、心が常に前向きで、何にも負けない強さを持っているということです。また、外に向かって心が開かれているので、他人を受け入れることができるし、運気を招きます。

反対に、ブスッとした顔でいる人には、何も頼みたくなくなるし、人からも好かれません。心が傲慢で自己中心になっているので、人を受け入れられない状態になっています。

心が閉じているので、運も入ってこないし、当然、頼んだ仕事も満足のいくものにはならないはずです。

職場は戦場ですから、毎日様々な変化の連続です。お客様に満足していただく闘いであり、敵との攻防戦です。その中に身を置いていると、感情の起伏も激しくなるでしょうし、心もカサついてきます。そんな中にいつも爽やかな笑顔の人がいてくれたら、どんなに空気がなごみ、やる気が湧き、団結が生まれることでしょう!

笑顔は、人の心を癒し、励ましてくれる魔法のようなもの。

ぜひ、あなたこそが職場の救世主、「いつも笑顔の人」であって下さい。

仕事のルール

48

定期的に企画書や提案書を上司に出そう

「冗談みたいな話なんですが、ある時、前々から温めていた新規事業案を会社に出したら、採用され、そのための新部署ができたのみならず、言い出しっぺということで、その部署の責任者に抜擢されました。もっと驚いたことに、その部署の新しい部下は、三年前私が新入社員だった時の上司達なんです！」

短大を出て大手保険会社に就職した彼女は、どうしたら会社がもっとよくなるのか、就職して以来絶えず考え続けていました。そして、新しい考えやアイディアが浮かんでは、企画書や提案書にして定期的に上司に見せてました。

「ほう、感心じゃないか、忙しいのに新規事業案なんか出してきて……。でも、これじゃあ、うちにはちょっとできないなあ……。費用対効果が悪過ぎるから」

当初の頃、上司のコメントはこんなものでした。

それにも懲りず、アイデアが浮かんでは企画書や提案書を会社に出していました。彼女としては、会社を良くしたいという一心でやっていたことです。ただ、案が採用されるとは夢にも思っていなかっただけに、本当にそのための部署ができた時は信じられませんでした。

実は会社が入社して三年も経たない彼女の案を採用したのは、案そのものが良かっただけではありません。どんな困難な仕事をする時もいつも前向きで、誰よりも努力していたことから、彼女は社内で模範的な存在となっていました。その彼女が、若いとはいえ会社のために凄い案を出してきたのです。それが社長の目にとまりこの大抜擢となりました。

彼女が新しい部署のリーダーになることに内定した時、既に窓際族となっていた彼女の昔の上司達は、それを知りぜひ彼女と仕事がしたいと会社に申し出たとのこと。

会社や上司というものは、例え若くても会社のために自分の頭で考え現実的な提案をしてくる、やる気のある社員を高く評価します。新しいことを提案することは、真剣に会社のことを考えていなければできないことだからです。

会社のことを思って企画書や提案書を出すのに、経験・知識・年齢・性別・部署・役職など関係ありません。どれだけ真剣に会社のことを思い働いているかです。言われていることやらなければならないことは、会社から給料をもらっていれば誰でもしますから。

仕事のルール 49

おごってもらったら、おごり返そう

「ここはいいよ、僕が出すから……」

「ええ！　先輩いいんですか、またおごって頂いて？」

「いいんだよ。君より給料貰ってるんだから……。その分仕事頑張って……」

「いつもいつも、すみません！　今度は僕におごらせて下さい」


新人の頃、上司や先輩におごってもらうことが多いでしょう。新人かつ安月給なので。あたりまえといえばあたりまえなのかも知れません。ただ、いつもおごってもらって平気なのはエチケットに反します。先輩や上司は給料は多いかも知れません。でも、その分出て行くお金も多いものです。特に、所帯持ちであれば、奥さんやお子さんに関わる出費も多いため、使えるお金も少ないはず。かえって、独身であるあなたの方が自由になるお金は多いかも。

それで、たまに感謝の意を込めて、給料日やボーナス時におごり返すのも礼儀です。

「あいつ若いのに気配りあるなあ……。将来立派なリーダーになりそうだ……」と、お株も上がることでしょう。

ただ、私もそうですが、上司や先輩によって新人や後輩に絶対おごらせない人も中にはいます。その場合、誕生日とかに何か簡単なプレゼントでもしたらどうでしょう。高価なものじゃなくてもいいのです。感謝の気持ちですから……。もし、本人が受け取らないタイプの人なら、奥さんやお子さん、また恋人に、ちょっとしたギフト、例えば本、お酒、花、コーヒーカップなど、もらって喜んでもらえるものを用意することをお薦めします。

大事なことは感謝の気持ちです。お金やものではありません。食事や飲みに誘ってくれることは、あなたと本音で話したかったり、部下や後輩として好かれ評価されている証拠です。その期待と評価を仕事で恩返しをし、何かのチャンスにちょっとしたもので、感謝の意を表わしましょう。上司や先輩はそんなあなたをいよいよ好きになり応援したくなるでしょう。おごってもらうのはあたりまえだと絶対に思ってはいけません。例えおごられるのに慣れている若手の女性でもです。仕事の付き合いですから、持ちつ持たれつです。

あまり頻度が多い場合、毎回おごられると今後いっしょに行きにくいとでも言い、割り勘にしてもらった方が、関係は長続きすることでしょう。

仕事のルール

50

たいへんよくできました

メモ魔になろう

「藤沢君、先日君が言ってたあの新製品のキャッチフレーズなんだったけ？」

「はあ、いつですか？」

「この間、京都出張の帰りに新幹線の中で突然言ってたじゃないか！　あれだよあれ……。もう忘れたのか？」

「ああー　なんでしょう？　すみません、あの時とっさに浮かんだので今すぐには思い出せませんが……」

「忘れるぐらいなら、なんでメモしなかったんだ？」

「すみません、そんなに気に入って頂いているとは思わなかったので……」

「君はいつもそうだよね、新人なのに！　いつも大事なことをメモらないよね！　なんでなんだ？　私が君ぐらいの頃、先輩や上司が言うことは必ずどこでもメモしてたぞ！」

確かに言われる通り、会社や仕事の仕方になかなか慣れていない新人や若手社員であるにもかかわらず大事なことをメモしないのを見ていると、話もしたくなくなります。伝えた瞬間忘れられるのが目に見えているからです。一回ならまだ目も瞑れますが、何度も繰り返されたらもう二度とその人とはかかわりたくなくなります。

二十年以上国際ビジネスに関わってきて自信を持って言えることがあります。国や年齢に関係なく一流のプロフェッショナルにはいくつかの共通点があることです。その一つに、彼らは**「メモ魔である」**ことが挙げられる。**どんなに頭が良く記憶力のいい人でも、大事なことは必ずメモをします。**大事なポジションにいる忙しい人はなおさらメモをとります。

米国で、国際会計・経営コンサルティング会社に入社したての頃、研修で何度も言われました。とにかく大事なことは「ドキュメンテーション」するようにと。

その「ドキュメンテーション」という言葉の意味がピンとこなかったのですが、先輩が書いたものを読んでいるうちによくわかりました。誰が読んでもわかるようにしてあるメモでした。そのメモを読むとそのクライアント（顧問先）のことすべてがわかるようになっていました。それも「短からず長からず」です。

たかだかメモですが、そのメモの威力を痛感した次第です。

仕事のルール
51

自然体で背伸びしよう

「やり過ぎずやらなさ過ぎず」。一昔常識だったサラリーマンの掟。

当時は右肩上がりの日本経済でした。今は成果を出すために徹底してやらなければなりません。日本もいよいよ本格的なプロフェッショナル（プロ）の時代に入りつつあります。つまり実力主義・成果主義の時代です。今まではある程度満遍なくこなせる人であれば、企業、特に大企業・中堅企業の社長は務まりました。そこそこ優秀であれば、経営者は誰がやっても似たり寄ったりだったのです。

しかし、これからは日産自動車のカルロス・ゴーン氏のように、できる人がやらなければ会社は崩壊します。山一証券、ダイエー、ヤオハン、日本長期信用銀行など例を挙げればきりがありません。このように日本でも経営はプロがやらなければ成り立たなくなります。今までのような、売上・市場拡大主義は終わり、利益率・キャッシュフロー重視、更には株主への利益還元を重視した経営が必須となってきたからです。これは資本主義経済でのあたりまえの原理で、今までの歪んだ日本経済が国際的、特に先進国から遊離してただけです。

企業において役職で組織が形成されるような形式的な経営の時代は終わりました。今後はプロとして何ができるかでその人の組織内での役割や存在価値、更には存続が決まります。まさに企業は、そもそもあたりまえであるプロ集団化への道を歩み始めています。

平社員から始まって上は社長まで一人一人がプロとして効果的・効率的に仕事をしなければ、競争力ある勝ち組企業にはなれず生き残れません。プロとは「自然体で背伸びする人」だと思います。無理し過ぎると、その反動とストレスで長続きしませんし、適度な無理、すなわち自己の限界への挑戦をしなければ、人間性や能力は高まりません。自然にそうできるようになるのがプロです。

国際ビジネスやベンチャービジネス支援を専門とした経営コンサルティング会社としての弊社は、依頼主である経営者や投資家がしっかりしてさえいれば、他の一流コンサルティング会社が引き受けないような難しい仕事でも積極的に受けるようにしています。プロ集団として能力以上に背伸びすることによって、私を含めスタッフの許容範囲を広げ、能力をより伸ばすことができると信じるからです。

仕事のルール
52

プロとしての意識を持って仕事をしよう

①仕事に人生をかける人
②不可能を可能にするために限りなき努力をする人
③自分の仕事に誇りを持つと同時に謙虚な人
④先や時代を読んで仕事をする人
⑤時間より目標を達成させるために仕事をする人
⑥高い志・理念・目標に向かって邁進する人
⑦結果にすべての責任を持つ人
⑧成果によって報酬を得る人
⑨仕事において甘えのない人
⑩能力向上のために常に学び、努力し続ける人

⑪ 仕事を通して人間性・能力を高めていける人
⑫ 謙虚にかつ貪欲に誰からでも学ぼうとする人
⑬ 仕事を通してまわりの人に夢と感動を与える人
⑭ 仕事のために自己管理が徹底できる人
⑮ 尊敬できる人（メンター・師匠）を持ち、その人に徹底的について学んでいる人
⑯ 真剣に人材（後輩）育成している、または将来する決意のある人

これが私の**一流のプロフェッショナル（プロ）としての定義であり条件**でもあります。すべてにおいて該当する人はそうはいないと思いますが、プロを目指す以上一つ一つチャレンジすることが大切だと思います。

人間はスタート時点（例えば生まれた時や学校を卒業した時）では同じのはずですが、時間の経過と共に差がつきます。それは能力や資質からくることなのでしょうか？　私は、**その差は高い志をもって夢を実現させようとする日々の努力にかかっていると思っています。**

プロというと、ただ単にその道を極める人と思われがちですが、その極めていく過程の中で人間性を高めていくことが本当のプロではないでしょうか。例え新人でも、一度お金を貰って仕事をするのであれば、その人はれっきとしたビジネスのプロです。

仕事のルール

53

たいへんよくできました

言われる前に自分から率先してやろう

人間というものは、とかく自分中心に考えがちです。

仕事をする上でも、やはり自分のペースで進めたいもの。上司から「あの書類はまだか?」と言われると、今やろうと思っていたのに！　と憤慨してしまいますよね。

ある意味「自分中心」で人間社会が成り立っているとするならば、仕事も自分中心で進めていけるリズムを自分で作ればいいのです。「言われる前にやる」というリズムを。

会社は、あなたを雇用した以上、当然のことですが、あなたに給料に見合うだけの働きを期待しています。それはあなたも納得済みで就職したはずです。

そして、あなたが期待以上の働きをしてくれるなら、その報酬として昇給があり、昇進があるわけです。ならば、常に知恵や勘を働かせて、上司が何を望んでいるのか、会社が何を自分に要求しているのかを、一早く察知して専念したほうが得ですよね。

今、世間では「勝ち組」「負け組」という言葉が流行っていますが、本当の人生の勝ち負けは最後までわかりません。勝敗は人生の一場面をとっただけでは判断できません。

しかし、色々な人生の局面で、あなたの選択の価値判断が正しかったか間違っていたか、つまり損をしたのか得をしたのか、ということの集大成が、最終的な勝ち負けを決めていくのではないでしょうか。

そう考えると、一日一日、仕事の上でも「勝ち組」を目指して努力をしたほうが得です。

上司に言われなくても、早く出勤して掃除をする。自分の仕事以外のことであっても、何かできることはないか、常に考えて行動する。そんな面倒臭いことなんて、マジメに働いても損だ、と思うかもしれませんが、これは会社のため人のためのようで、実は自分のためになっていることに気付いて下さい。**何事も率先してやるということが、上司に認められ、まわりの評価となり、必ずあなたの得することとなるのですから。**

つまり、ちょっと人より知恵を働かせ、機転を利かせて人より多く働くことは、一見損しているように見えます。実は、全部自分に帰ってきて得をするという、究極の「自分中心」の生き方になっているのですね。

仕事のルール

54

たいへんよくできました

人に変わってもらいたければ、まず自分が変わろう

あなたのまわりに相性の合わない人、どうしても気が合わない人はいませんか？　また、もう少しこうであってくれればと思う上司とか同僚とか。気の合う人と合わない人、顔を合わせると、どうしても嫌味な一言を言われてしまう人が必ずいますよね。避けて通れる関係ならいいけれども、そういうわけにもいかない場合、どうすればいいのでしょうか？

本音を言えば、相手に変ってもらいたい、しかしそれは相手もあなたに対して思っていることかもしれません。ではどうすれば？

こういう時、私はこの言葉を思い浮かべることにしています。

仏教の教えに「依正不二（えしょうふに）」という言葉があります。これは、業の深い人間が集まる娑婆世界で、いかにしてより良い人間関係を作っていくか、ということの答えになっています。簡単に言うと、**自分と自分のまわりを取り巻く環境は、別のものではなく一体**

であるということで、まわりに起きる出来事も、まわりにいる人間も、すべて自分自身の心の状態を映す影なのだと教えています。

自分が動けば影も動きます。影に合わせて自分が動くことはありません。というように、環境を変えたかったらまず自分を変えようという原理です。

はじめてこの言葉を聞いた時、「なるほど！」と思いました。相手を変えるのは難しいことですが、自分を変えてみることならできますよね。

先日、ある会社の新人社員さんより職場の上司とうまくいかないという相談を受けました。いつも高飛車で、自分勝手な命令ばかりする上司についていけないというのです。

「あなたが少し心を広げて、上司の誕生日などにちょっとした贈り物をしてみては？」と私はアドバイスしました。

彼は、用事がない限り話しかけるのもイヤな上司の誕生日に、意を決して小さなギフトをしたそうです。すると、その上司は意外そうな顔をしましたが、それからはたまに笑顔で声をかけてくれるように変わったそうです！

ちょっとしたことですが、相手より少しだけ心を広く持つことですね。

仕事のルール
55

まず相手の意見を聞こう

「一を聞いて十を知る」

この言葉を聞いたことはありますか？　その人が何を言おうとしているのか、ほんの一言で、理解してしまうと言うことです。確かに効率的ですね。でも、一を聞いて理解したことが本当に全て合っていたかどうかは、全部聞いてみないと分からないのです。

ですから、まずは相手の話を全て聞くことです。例えば、最初の一言で自分の考えとは全く違う意見だったとします。そこで、「それは違う！」と反対あるいは心の中で否定してしまったら、その意見を導き出した理由まで理解できないようになってしまうものです。

もしかしたら、途中までは同じ考え方だったかもしれません。同じ考えなのに、結論が違っているとしたら、その導き方を学ぶことで、自分にとっても新しい思考の方法を学ぶことにつながるのです。

コミュニケーションやプレゼンテーション能力を売り物にしている我々経営コンサルタントの世界でも、まず相手の意見を聞き、その内容を正確に掴む能力が非常に大事とされています。

また、たとえば仕事上で上司の指示を話半ばで理解した気分になって、勝手に進めてしまったとします。さて、仕事も全部指定された時間よりも早く終わったと思い、上司に提出しました。ところが、肝心な部分が違っていたのです。そうなると、もちろんやり直し。指定された時間よりも膨大な時間を使うことになってしまいます。

上司の評価はどうなるでしょう。

「一を聞いて十を知る」とはほど遠い、「話をきちんと聞いていないヤツ」と思われることは間違いありません。

最初にきちんと話を聞いておけば、効率良く、そして最初の段階できちんと仕事ができていたかもしれません。きちんと指示された仕事を効率良く、そして正確に行うことこそが、経験の浅い若い世代の社会人がまず求められることなのです。

「早合点」はほめられるものではありません。誰にでもできることだけど、なかなか誰にもできない「最後まで話を聞く」ことが人から評価される第一歩なのです。

仕事のルール 56

会いたい人にはどんどん会おう

いろいろな本を読むと、自分が実際に経験していない知識も身に付くことがあります。それがたとえ恋愛小説でもいいのです。様々なことを全て自分で体験しなければならないとなると何回人生をやり直しても太刀打ちできませんから。

それなら、作家の考えた人生を擬似的に空想の中で体験すればいいのです。主人公になってもいいでしょう。主人公の親友でもいい。またライバルというのもおもしろいかもしれません。ただ、小説だとどうしても自分の思ったように登場人物は動いてくれませんし、自分の疑問にも答えてはくれません。やはり、生身の人間に会うのが一番だったりします。

テレビに出ている人に意見が言いたいと思っても「そんな機会はない」と諦めていませんか？ その人のWEBサイトを見てみてください。講演会のスケジュールが載っていませんか？ ディスカッションの時間はありませんか？ 芸能人などは自分と意見を交換する機会というのは少ないかもしれませんが、作家や評論家、ジャーナリストなどは意外と意見を交換できる機会はあるのです。

また、仕事上で会いたい人もいるでしょう。**会いたいと思ったら、まず連絡してみましょう！ とにかく、お願いしてみて下さい。相手があなたのその積極性を高く評価してくれることも多いです。会いたい人に会うと、その人になぜこんなに会いたかったのか、すぐに分かる場合があります。空気というのでしょうか。不思議と波長のようなものがあるみたいですね。**

私は、学生時代から相手が有名人であろうと、会いたいと思った人には必ず会うようにしてきました。例えば、経営学を勉強していた時、その道の世界的大家、ピーター・ドラッカー博士や故エドワード・デミング博士の本を読み、実際に直接質問をしたくて会おうと思いました。みんなに会ってもらえるわけがないと言われましたが、意外にすんなりと会って頂きました。彼らの本でわからなかったことを伺ったところ、具体的かつ丁寧に説明頂き、深く納得できました。その面談はその後の勉強や仕事に大きな励みとなっています。

人に会うことは、頑張れる原動力を得るのみならず、自分の経験や人生を豊かにしてくれることが多いです。また、人の経験談を直接伺うことは自分の経験にもすることができます。

仕事のルール 57

発言は短くポイントをついて

人前で発言する時、どうしても緊張し説明が長くなったり、反対に周りの目が気になり過ぎて、発言自体を止めてしまう人がいます。

これは外国語を学ぶ日本人とよく特徴が似ているんです。

「間違えたら恥ずかしい」「反論されたらどうしよう」「それなら話しかけない方がいい、話さない方がいい」というわけですね。極度に反論を怖がるため、却って説明がダラダラと長くなりますし、間違えたら恥ずかしいと思うことから、曖昧な表現に終始してしまいます。

「この商品は、軽量化するために塗装も内部も軽く作っています。軽いと言っても、別に単純に薄くしたわけではなく、○○という技術を使い、この技術はうちで開発したんですけどね。あ、軽量化したからと言って、壊れやすくなった訳じゃないですよ。それに小型化もできたんです。持ち運び便利ですよ。それと……」

これはありがちな商品説明ですね。でも、これでは、その商品の一番の売りがなんだかさっぱり分かりません。

「何よりも軽くしたことがこの商品の一番の特徴です。軽量化し更に小型化にも成功しました」だけで十分伝わりますよね。軽くしたから壊れやすくなるとすぐに考えることはないでしょう。質問されたら答えればいいのです。

「どうやって軽くしたの？」には

「塗装面と基盤の軽量化です。強度には問題ありません」

ほら、この方がこの商品は、「軽くて小さくなったけど、壊れないんだ」という特徴が伝わりやすいですよね。何が違うのでしょうか。

一番伝えたいことをポイントを付けて短く伝える点です。**一回の発言で言いたいことは一つ、というのは、短ければ短い発言であれば伝わりやすくなりますね。細かい説明は後で十分できますし、技術的なことなどは言葉で聞くよりもパンフレットなどで読んだ方が理解しやすいものです。**

全ての情報を整然と伝えようとするのではなく、一番伝えたいことを短い発言でポイントを付けること。これが相手の心に伝わりやすいテクニックなのです。

仕事のルール

58

まず整理整頓から

社会に出ると、一つのことだけに関わっているわけにはいきません。仕事ももちろんです。一つのプロジェクトに集中したとしても、担当している会社や商品・サービスは多岐にわたっているのが、「普通」のことです。

つい、スケジュールが押してくるとしてしまうことの一つに、「上にどんどん重ねる」というものがあります。終わっていない作業がありながらも、次のものに手を付けなければならない場合、終わっていない作業をそのままにして、その上に新しい仕事を積み上げるのです。二つや三つなら、なんとかまだ対応できるかもしれませんね。でも、それが四つ以上になった時を想像してみてください。

また、積み上げるだけではなく、「場所をどんどん移動する」というのもあります。デスクの上だけではなく、デスクの下のスペース、デスク横にあるキャビネットのスペースにまで広げ、しかも重ねていったとしたら……。何がなんだか分からなくなるでしょうし、重ねたものはいつかは雪崩を起こすでしょう。

そして、もう一度周辺を見回してください。**スマートに仕事をこなして成績を上げている人、仕事のできる人は、デスク周りが整理整頓されていませんか？ 会社から帰宅するとき、デスクの上がきれいな人に仕事のできる人が多いのではないでしょうか。**効率を追求する経営コンサルティング会社である弊社も、整理整頓できている人ほど仕事が速く正確です。

同じプロジェクトの中の仕事であれ、取りあえず一つの作業から次の作業に移行する時には、きちんとファイリングすることです。「いちいち片づけるのは手間が掛かる」と思うかもしれませんが、だまされたと思ってやってみてください。実は、結果的にはその方が効率が上がるのです。加えて整理整頓することによって、仕事の流れを再確認することにもつながるのです。

更に会社から退社する時には、デスクの上をきれいに整頓する。それだけで気持ちがリセットされて、オンとオフの区別がしっかりつきます。この区別が次の仕事への活力となります。

整理整頓は効率的に仕事をする上でも、また職場での精神衛生上必須条件です。

仕事のルール
59

まず何のためにやるのか考えよう

上司に何か仕事を頼まれたとしましょう。例えば、資料集めだとします。単純に日曜日午後五時から午後十時までのテレビ番組毎の平均視聴率を調べることになりました。

これは、インターネットや各テレビ局などで調べることは可能ですね。もしかしたら一時間もかからないかも知れません。でも、それではアルバイトの人でも、あるいは高校生でもできることではないでしょうか。

社会人なら、評価してもらいたいなら、ここで一つ頭を働かさないといけません。それは、「上司が何のためにその時間の視聴率を欲しているのか」を考えることです。ただ、数字を示せばいいのか？　本当はそれだけでいいのかも知れません。

ただ、例えばスポンサー名や番組の出演者などを書き添えてあると丁寧ですね。丁寧、というだけではありません。もしかしたら、後で必要になるものなのかも知れないのです。

ある指示をされたら、その指示は何のためになされたのかを考えましょう。「何に使う資料なんですか？」と一言質問してみてもいいでしょうね。

実は、たいして英語力も専門能力もなかった私が、米国の大手国際会計・経営コンサルティング会社でスピード出世できたのも、上司がこの点を高く評価してくれたからです。何か頼まれる度に、上司が何のために必要かをまず最初に把握するようにしました。私の仕事は質的には高いものでありませんでしたが、彼らが一番必要な情報を提供し続けたことによって部下としての満足度はかなり高かったと後で聞きました。

ここがポイントです。まず、**自分を上司の立場においてみることができるかどうか。自分だったら指示したもの以外に何があったらさらに効率的か、そこにどれだけ気がつくか。これが重要なのです。**

お茶一つ出す時でも、この気持ちがあれば変わるのです。夏だからといって必ず冷たいものなのか？　そうでもない場合もあります。車でずっと移動している場合など、意外と体が冷えていて温かいものを飲みたくなるものです。

そういったことも、ちょっとした頭の働かせ方次第で浮かんでくるのです。ですので、**絶えず自分を相手の立場に置き換えて考える癖をつけましょう。**

仕事のルール

60

前向きに生きている人とのネットワークを広げよう

人は互いに影響しあって生きています。たとえ孤独な一匹狼を気取っていても、必ず一人ではないのです。孤独を感じるのは、自分以外の人がいるからです。ということは、何らかの形で影響しあっているということですね。

どうせ影響しあうなら、好影響の方がいいですよね。**いい影響とは、いい生き方をしている人に影響をされるということです。**いい生き方と簡単にいっても何がいい生き方なのか、それが難しい。そこで、**一番手っ取り早いのが「前向きに生きている人を探す」ことです。**いわゆる「ポジティブシンキングの人」ですね。

ここで一つ間違えてはいけないのが、ただの楽天家とか、結果を全く考えずに突き進むだけ進み、失敗してもその失敗の原因を考察しない、ただの向こう見ずな人を前向きととらえることです。これは明らかに違っています。**最悪な結果まで予測して、そうならないように**

考慮しながらチャレンジしていく。万が一その最悪の結果になったとしても、そこで思考をストップすることなく、二度と同じことのないよう自分なりに考え手を打っていく人のことです。

そういう人たちがまわりにたくさんいたら、さまざまな前向きの方向性の影響を多く受けることになります。どうやってポテンシャルを維持するのか、モチベーションはどうやって保つのか、緊張感はどうやって和らげるのか。そういった学校では教えてくれないことを、身をもって体験することによって影響しあえるのです。

私の顧問先を見ますと、前向きに生きている社長の周りには必ずと言っていいほど、社内外に前向きに生きている人たちが集まっています。「類は友を呼ぶ」ですね。

周辺に前向きな人たちのネットワークを作っておくと、その数は各方面からどんどん増えていきます。仕事のヒントとなる何かが得られるかも知れませんし、重要な人脈が作れるかも知れません。

人は一人では生きていないのです。どうせなら、**前向きな人たちとできるだけ時間を共有し行動を共にすることをお薦めします。そうすれば、気がついたらあなたも「前向き人間」になっていることでしょう。正に「朱に交われば赤くなる」ですね！**

仕事のルール

61

たいへんよくできました

電話対応能力を高めよう

ファーストインプレッション、つまり第一印象がとても大切なものだというのは、それぞれの経験で知っていることと思います。最近、特にビジネスの世界では、第一印象が〝声〟というのが一般的ではないでしょうか。

いきなり相手を訪問するというのは少ないでしょう。まず、電話で相手の都合を伺い、その後、時間を設定し、そして会う。第一印象は重要なのですが、実はこの電話での対応がとても重要といえるのです。

たとえば、自分が直接お会いする予定の人でない場合でも同じです。

同僚に、取引会社の人から電話があったとします。そのときに同僚が外出だった場合、あなたはどう対応しますか？

「あいにく外出しておりますが、お電話があったことをお伝えしましょうか？」

そのような問いかけに、相手は
「いえ、またかけ直します」
と言ったとします。そのままにしてしまうようなら、電話対応能力はないと言えます。

どんなときでも、「どこ」の「誰」から「何時」に電話が入り「どんな話」をしたかはメモに残すべきです。「かけ直す」といわれた場合でも、「かけ直すと言っていました」というメモを残せばいいのです。この電話をかけてきた相手の人は、実はすでに数回電話をしている場合もあります。そのつど「かけ直す」と言っていたとしても、メモが残っていれば、折り返すこともできるでしょう。

迅速なコミュニケーションを要求されるコンサルティング業界では、すぐに連絡しなければならない緊急事項も往々にしてあります。私の場合、いつ誰から何の用件で電話がかかってきたかなどを秘書に携帯メールまで通知してもらうようにしています。場合によっては会議中でもすぐに中座して即電話を折り返すこともよくあります。

電話は大事な第一印象です。声の調子だけでなく、対応の言葉遣い、そして電話を切った後の対応も重要です。

仕事のルール
62

電話に出られない場合は「接客中」と伝えてもらおう

実際にあったケースです。

「お電話ありがとうございます。株式会社〇〇〇でございます」

「△△△株式会社社長の安田と申しますが、斎藤専務お願い致します」

「いつもお世話になっております。あいにく、ただ今斎藤は会議に出ておりますが……」

「それでは、吉田常務か大山部長はおられますか?」

「申し訳ございません、吉田も大山も同じ会議に出ております……。戻りましたら、お伝え致しますが、何かご伝言はございますか?」

「う〜ん、困ったなあ……、ちょっと急いでおりまして……。何時くらいにその会議終わりますか?」

「もう終わる予定ですが、長引いているようでございます……」

「わかりました。それではどなたか戻られましたら、△△△社の安田まで至急電話頂きたいとお伝え頂けますか？」

「かしこまりました。そのようにお伝え致します……」

この後、会議を終えて、斎藤専務、吉田常務、大山部長は戻ってはきましたが、会議が長引いたことから、三人とも遅れてしまった次のアポに飛んで行ってしまったのです。ですので、安田社長には電話できませんでした。

これは非常に問題です。なぜなら、△△△社は○○○社の顧客候補であり、安田社長は実は取引の提案書の件で至急誰かに連絡をとりたがっていたのです。○○○**社には社内会議で誰とも連絡とれず、その後も連絡がもらえませんでした。つまり「あなたからの電話より社内イベントの方が大事です」と言われたようなものです。**結局、よくある話ですが、気を悪くした安田社長は内定していた△△△社との取引を白紙に戻しました。

このような場合、**正直に「会議中」と言うより「接客中」と伝える方がベターです。顧客の方は、接客なら自分と同等（顧客）とのアポであるため、顧客を大切にしているとの理由から納得できます。即ちこの方が顧客に敬意を払っているのです。「嘘も方便」とはこのことでしょう。**

仕事のルール

63

仕事を楽しめる自分なりの方法を見つけよう

一日二十四時間、一週間で一六八時間となります。毎日七時間睡眠をとったと仮定して、睡眠時間の合計が四十九時間です。起きている時間だけを考えると、一週間に一一九時間しかありません。仕事をしている時間が、毎日一時間残業するとして九時から十八時（昼休み一時間）、月曜日から金曜日とすると一週間で四十五時間。通勤で往復一時間半と想定すると七・五時間必要です。週の半分は完全に仕事で使われている計算になります。しかも、仕事が終わったからといって、すぐに完全に自分の時間かと言えば、職場のつきあいもあるでしょう。となると、月曜日から金曜日は、起きている時間はほとんど仕事に費やされています。

起きている間に、こんなに仕事に関わっているのですから、嫌々仕事をするなどは、それこそ時間の無駄。もっと言ってしまえば、人生の無駄になります。どうせ同じ時間を過ごすなら、楽しまないともったいないですね。

どんなに辛いことがあっても、無理矢理笑顔を作ることで、NK細胞（ナチュラルキラー細胞）という腫瘍細胞を融解する機能をもつ細胞の数を増やすと言われています。全てが「病は気から」という訳ではありませんが、気持ちの持ちようで多少の変化は望めるということでしょう。

仕事の多くは、辛いものでしょう。数字で競わなければならない仕事もあります。よりよいアイデアで他社と戦わなければならないものもあります。時間との勝負という仕事もあるでしょう。相手を蹴落とすという種類の仕事など、楽しいと感じるよりも辛いと感じる人の方が多いかもしれません。

そういう場合、ほんとうに小さなことでいいので、仕事の一端でも好きになりましょう。無理してでも好きになるのです。営業にいくその電車の中が楽しい、それでもいいんです。自分のアイデアが、最終地点であるユーザーが喜んで使っている、ということをイメージするだけでも、喜びに変わるかもしれません。

とにかく、無理してでも楽しめる部分を探しましょう。そのうち、無理をしなくても楽しめるようになります。そうすれば、またほかの楽しい部分が見えるようになり、最終的に仕事全体が楽しく感じるようになるのです。

仕事のルール

64

たいへんよくできました

何事にも、誠実に対応しよう

ある時、営業に配属になったばかりの新入社員が先輩に付き添って飛び込みで営業先候補の会社を訪問しました。着くなり先輩から一喝。

「僕も入社してすぐに一人で営業やらされたから、君もここからは一人でやってごらん」

「は〜？　先輩！　それは……。まだ、営業の何もわかっておりませんが……」

「何言ってるんだよ！　既に営業研修受けたじゃない。実際に営業の実演やったでしょう？」

「は……い……。でもあれはあくまでもロールプレイでしたので……」

「いいからやってごらん！　そうじゃなきゃ、いつまでたっても営業できないよ！」

「……」

その会社の受付前で、こんな会話をしていた時、そこの社長が帰ってきました。

「お帰りなさいませ、社長！　先程からこちらの方が社長にご挨拶したいと待っておられますが……」と受付譲が紹介してくれました。

「何でしょう?」

「はい、人材紹介業をやっております○○○株式会社の萩原と申します。新任でこの地域担当となりましたので、ご挨拶にまいりました」

「それはわざわざありがとう。ただ、うちは紹介会社を使わないから、悪いけど遠慮しておくよ!」


こんな会話から始まった心もとない営業だったのですが、なんとその新人はこの三ヵ月後にその会社から仕事をとってきました。理由は簡単です。毎日のようにその会社に行き、なんでも困っていることのお手伝いをしたため、社長はその新人の直向な態度からくる誠実さに心打たれたとのこと。遂に専属でその会社との契約を獲得。

私も同様の経験があります。米国ではありましたが、新卒で入社間もない頃、ひたすら営業先企業の社長さんの相談に乗りお手伝いしたところ、初めての私の顧客になって頂きました。ビジネスの上で必要とされている経験・知識・自信は当時まったくありませんでしたので、**先方からの質問やリクエストにただひたすら誠実に全力で応えるだけでした。**その時、国は変われど、**誠実は最高の戦術であり営業ツール**だと痛感しました。

仕事のルール
65

先輩に敬意を払おう

仕事ができる先輩、あまり芳しくない先輩、優しい先輩、冷たい先輩などさまざまな先輩がいるでしょう。全ての人に同じように対応するのは難しいでしょうし、それを推奨しようとは思っていません。恩を受けた人にはそれなりの対応をするのは当たり前です。

ここで言いたいのは「一日の長」ということです。**自分よりも長く生きている人のことですが、仕事の面では特に一年二年は大きな差です。それだけ大きな経験をどんなタイプの先輩もしているということになります。**

それだけをとっても、どんなタイプの先輩に対しても、敬意を払わなければならない理由は分かるでしょう。

「年長者を大切にしろということですね?」

そうでもあり、そうでもないのです。ただ単純に大切にしろというのではありません。意見の対立を見たとしても、先輩の意見をよく聞き、その意見にあわせて自分でももう一度検討してみる。もちろん、さまざまなシミュレーションもしましょう。相手の意見をきちんと検討し、検証した上で自分の意見が正しいと導き出されたのなら、それをきちんと話す。

単純に「年上の言うことを聞く」のでは敬意を払ったことにはなりません。きちんと検討することこそ、敬意を払うことになるのです。

もちろん、無理難題を言われることもあるでしょう。それでも「検討」してみるのです。その態度は、必ず先輩に伝わるはずです。

米国で国際会計・経営コンサルティング会社に入社した時、私の能力は他の新入社員に比べ著しく劣っていました。先輩方が、経験・知識・専門能力のない私になぜ高いレベルの仕事を頼んでくるのかわかりませんでした。当初は苛めとしか考えられませんでした。

しかし自分が部下を持つようになってわかりました。あの先輩方の厳しさがあったから、必死に自分を磨くことに毎日専念できたのだと。今は本当にあの先輩方に感謝しています。

敬意を払うとは、盲信することでも、服従することでもありません。そこをしっかり理解した上で、先輩に敬意を払った行動をとることはとても必要なことなのです。

仕事のルール

66

たいへんよくできました

毎日、ToDoListをつくろう

仕事を覚えたての頃は、とにかくやることがたくさんあり、時間に追われる日々になってしまうでしょう。それもある意味では致し方ないかも知れません。

ただ、毎日なんのために何をやっているのかを考える暇もなく、ばたばたと過ごしてしまっては、仕事を覚えるにも非効率です。そのため、**会社にちょっと早めに行って、「今日やるべきこと」リスト（ToDoList）をまず書き出しましょう。最初はそれだけでいいです。終わったものから線で消していくといいでしょう。**

とにかく、何をするのかを理解するために書き出すことが必要です。書き出すことによって曖昧だったことがより明確になります。

その作業に慣れてきたら、優先順位を付けていきます。仕事というのは時間とともに変化しますから、リストを作ったとしても途中で変わることもあります。もちろん、変更には柔軟に対応します。優先順位も同じで、朝考えた優先順位に縛られることはありません。**自分が考えていた優先順位と、実際の仕事の流れの差が分かるだけでも十分、リストを作った価値がありますし、仕事を進めていく上で大きな効果があります。**

米国の一流のプロフェッショナル（弁護士、会計士、ビジネスパーソン、バンカー、技術者、研究者など）や経営者は、このリストを作り毎日実践しています。また、多くの米国企業は社員にリスト用紙を定期的に配っています。日本でも生産性を重視している職業であればあるほどこのリストを利用している人は多いのです。

仕事の流れも優先順位も覚え、柔軟に対応できるようになった。そうなったとしても、リスト作りは続けましょう。人間は万能ではありません。つい、何かを忘れてしまうことだってあります。リスト作りは習慣とするといいでしょう。1冊のノートを作れば、仕事の一連の流れも読めるようになります。

ほかの仕事で何か躓いたときに、そのリストノートに解決のヒントが隠れているかも知れません。

全ての経験を一〇〇%覚えていることはできません。書き留めておけば、いつか役に立つこともあるのです。

仕事のルール

67

他人と比較しない

受験戦争、競争社会、新階層社会、ヒエラルキー、これは比較が元になっている言葉ですね。受験戦争も自分との戦いだけではなく、ほかの受験生よりも一点でもいい点数を取ることを目標に勉強して、試験を受けないといけません。同僚との出世争いもそうです。

でも、他人と比較して自分を評価するということの意味を考えてみましょう。他人がいなければ、評価の基準がないということになります。あの人と比べて自分は……。では自分自身、個人ではどうなのか、という絶対評価はそこには生まれてきません。

目指すべきは「あの人はこういう人だ」という評価なのです。誰かを目標にするのも、誰かをライバルにするのも、どちらもいいことだと思います。それが自分を磨く原動力になるのですから。

競争相手を想定してはいけないというのではないのです。それだけになってはいけないということです。

他人と比較した偏差値教育やすべて満遍なくこなすことを重視する教育に合わなかった私は、日本では超劣等生でした。それが米国に行った途端、劣等生ではなくなりました。

私はある分野の数学だけが大好きで、ある程度できましたから、それが米国では高く評価されました。ですので、その分野の勉強は好きで努力するため、さらに好きになり力もつき、成果を出していく私への評価は段々高まりました。その分野で国際的に認知頂いた時は、さすがに学者の道も考えました。

米国に行って最大に得たことは自分が他人と比較しなくなったことです。また、**他人と自分を比較させないことがこんなに気楽で自分らしさが出せるとは思いも寄りませんでした。**

自分への絶対評価があれば、目指すべきものもはっきりと見えてくるでしょう。やるべきことも見えるはずです。絶対評価同士で他者が、勝手に比べてくれるのはかまわないのです。**自分自身の中では、常に「自分を磨く」ことを心がけ、絶対評価をあげていくことに努力すべきです。比べるべきは、去年の自分と今の自分、そして来年の自分です。**

そうすれば、たとえば配属先が変わったときでも、転勤となったときでも、転職しても、絶対評価はついてきます。自ずと自信にもつながってくるものです。

仕事のルール 68

決断は素早く

時代はまさに"タイム・イズ・マネー"です。株式市場でも、ほんの数分の違いで大きな差が出ることはよくあることです。この十年でインターネットが世界中を網羅し、世界の距離も時間すら短くしてしまったようです。即断即決がなによりも望まれる社会になったといっても過言ではないでしょう。

こういう話をすると、とにかくインスピレーションで行動すると受け取る人もいるのですが、私はそんなことを言っているのではありません。

熟考することの大切さは変わりません。大きな勝負の場合には特に熟考しなければいけません。取り返しのつかないことになる可能性があるからです。そして答えが出たら、素早く行動するのです。

熟考とは長い時間をかけて考えることではありません。深く考えるということなのです。

今の時代、考える時間は短い方がいいのですが、だからといって浅く考えて良い訳ではありません。

短い時間で深く考えるためには、訓練が必要でしょう。

大学を卒業し、米国のプロフェッショナルな世界に飛び込んで愕然としました。今もそうですが、あまりに多くのことが連続的に発生し、即決しないと問題が起こるのです。どんどん決めていかなければどんどん問題が進み、やらなければならないことも増えていくのです。下手すると睡眠時間もなくなります。その時思いました。**プロフェッショナルの証は、限られた時間内に深く考えてできるだけ正しい決断を下せることだと。**

まずは、どんなことでも短い時間で深く考えることを実践してみましょう。たとえば、今日身につけるネクタイでいいんです。最初は三分などと時間を区切って、「今日会う相手の趣味は?」「気温は?」など次々に関連する項目を挙げ解決していく。ランチのメニューでもかまいません。「夕飯を食べるのが何時くらいになる予定か?」「消化にいいものの方がいいのか、それとも腹持ちのいいものにするのか」。そんな身近な決断でも訓練はできます。

あまり難しく考えずに、肩の力を抜いてやってみてください。そうしていくうちに、ものをちょっとずつ掘り下げて考える能力がつき、そして素早く決断できるようになるはずです。

仕事のルール

69

電車・エレベーター内、他人の前では電話しない

携帯電話が広がって十年以上が経ちます。最近では小学生までもが携帯電話を持っています。本当に、ちょっと前までは、外出先で電話をかけなければならないときには、公衆電話を探したものです。後ろに人が並んでいたりすると、可能な限り会話を短くしようと工夫したものです。また、すぐ隣でも電話をしている人もいるので、結構、小さな声を心がけていたのではないでしょうか。

ところが、携帯電話が一般化してから、みなさんが町中でもどこでも、電話できるようになった代わりに、周辺に気を遣うことを忘れてしまったようです。電車の中でどんなにアナウンスしても、いまだ呼び出し音を大音量で鳴らしている人もいます。こういう時には、「最近の若者は」というのでしょうが、呼び出し音を大きく鳴らしているのも、大声で話している人にも、世代差はないようです。

日本人は「恥の文化」を持つと言われてきました。恥ずかしいことは人前ではしなかったのです。語学を学ぶときには足かせになっている部分もありますが、公共の場、というものを考えると、こと携帯電話に関しては「恥の文化」を持ち続けて欲しいものです。**電話の内容がプライベートなら、プライベートを他人の前でさらけ出していることになりますし、仕事の話なら極秘事項もあるかもしれません。**

少なくとも、電車などの交通機関やエレベーターなどの密閉された空間では、電話で話をするのは止めたいものです。留守番電話機能もついていますので、すぐに折り返し電話できるはずです。もしも、どうしても受けなければならない電話だとしたら、出ることはやむを得ないかもしれません。ただし、その場合も「五分以内に折り返します」などで、すぐに切りましょう。電車だったら次の駅で降りればいいですし、それが無理なら電話できる時間を相手に伝えればいいだけです。

本当に今すぐ、という要件は意外と少ないはずです。ほんの数年前までは、携帯電話なんてない中で、普通に生活していたのですから。**携帯電話を使うなというのではなく、使う場所を考えて、極力マナーを持って利用したいものだと言っているのです。折り返し電話をすることは難しくありません。どこでも大声で話している人って格好悪いと思いませんか？**

仕事のルール

70

たいへんよくできました

締め切りや約束は絶対に守る

物事には全て終わりがあります。仕事もそうです。期限というものが必ずついて回ります。また、人とのつきあいには、約束というものもあります。

これは、期限や約束を決めたときに、必ず同意しているはずです。双方が「その日にできる」「可能である」と同意した結果、決められたものでしょう。一方的に押しつけられたものであっても、やると決めた時点で、同意したということになります。

となると、**同意したものは実行すべきです。無理をしてでも絶対に守る、これが基本です。**

とはいえ、守れなくなる事態も発生しますね。さぼっていたわけでもなく、忘れていたわけでもないのに、どうしてもその日時が不可能になってしまう。たとえば、事故にあって入院してしまったなど、不測の事態です。それでも、自分の代わりの人をすぐに決めて、期限は守るべきではあります。

不測の事態が起こった場合、すぐに何をなすべきか。分かった時点で速やかに先方に連絡するのです。なぜ約束や期限を守れなくなってしまったのか、その分どういう形式をとるのかなど、それらフォローの提案をきちんと提示し、相手に受け入れてもらう努力をするべきでしょう。

学生と社会人、特にプロフェッショナル（プロ）との大きな違いの一つに、締め切りと約束を守ることへの厳格さということがあるのではないでしょうか。米国の経営大学院（ビジネススクール）で夜間のＭＢＡコースを教えていた頃、この差を幾度となく経験しました。

例えば、宿題やレポートの課題を出すと、昼間働いているバンカー、弁護士、ビジネスパーソンなどは絶対にやってきました。仕事や病気などでクラスに来られない時でも、事前に連絡があり、クラスまで届けるアレンジをします。

一方時間があるはずのフルタイムの学生の方は、よく宿題やレポートを忘れていたり、時間があったにもかかわらずやってこないのです。**結局、時間ではなく、自覚とコミットメントの違いだったのです。**

仕事のルール
71

たいへんよくできました

感動したことを話そう

本を読んだり映画を観たら、感動することがあるでしょう。その感動した感情はどうしていますか？　恋人と一緒に映画を観たら、本当の気持ちを隠して、相手にあわせたりしていませんか？

自分の気持ちを表に出すことは、簡単なようで難しいものです。小泉純一郎首相の言葉で「感動した！」というのがありました。ケガを押して土俵にたった横綱貴乃花（現貴乃花親方）が優勝を決めたときに、トロフィーを渡す際に叫んだ一言です。

「痛みに耐えてよく頑張った」という言葉が頭に来ていたんですね。このように、**どんな物に関しても感動したら、その理由があるはずなんです。**

感動を人に話すことは、そのときの自分の感情の動きを説明する必要があります。分かってもらうため、共感してもらうためには、整理して話さないといけません。感情的に話しているだけでは伝わらないのです。同じ映画を見ている人ならば、ある程度、勢いで伝わる可能性はありますが、同じところに感動していなかった場合は、「自分はなぜ、どんな理由」でそこに感動したのか、やはり説明しなければいけないでしょう。

小説などはなおさら困難かもしれません。文字だけを追うわけですから、たとえ同じ本を読んでいたとしても、登場人物の容姿などはそれぞれ違うでしょうし、部屋の作りなども違っているはずです。

その中で、物語を説明し、感動した箇所を説明し、そしてどういう理由で感動したのか相手に分かるように説明するのです。

なぜ、感動したことを話さなければならないのでしょうか。感想文を書けばいいじゃないか。果たしてそうでしょうか。相手の反応は、その相手がその場にいないと分かりません。仕事でも、説得しなければいけない場合には、秩序立てて語らなければいけない場面はたくさん出てくるのです。

自分の感動したこともきちんと説明できないようでは、仕事上相手を納得させることは難しいと言えます。きちんと状況などを整理して説明し、相手を説得する、その訓練のためには、感動したことを人にきちんと伝えることは早道なのです。

仕事のルール

72

夢を持って思い続けよう

子供の時に、あなたは何になりたいと思っていましたか？　パイロット？　野球選手？　看護士？　保育士？　さまざまな夢があったと思います。その夢と、いまの仕事は一緒ですか？

「子供の頃の夢なんて、叶うものではないよ！」

本当にそうですか？　子供の頃になりたかった夢の職業に就くために、どれだけ努力したのでしょうか。努力しても、確かになれないものもあります。プロ野球選手やＪリーガーなど、努力でどうにかなるものではありません。でも、**夢に向けて努力をするということは、その夢が叶わなかったとしても、次の夢、次の目標に向かう原動力になったりもするものです。さらに、十分な努力をしたというものは、結果いかんに関わらず、大きな自信と貴重な経験となって身に付いているはずです。**

私の夢は歳とともに変わりました。小学校三年生までは、色々なユニークな建物を立てたかったので大工さん、お金を貰いながら日本中を回りたかったためタクシーの運転手、寿司が好きな両親に毎日思いっきり寿司を食べさせてあげたかったことから板前さん、の順です。小学四年からは水泳を本格的に始めたので、高校まではバタフライのオリンピック選手。高校三年の夏に米国に一ヶ月ホームスティした後は今の職業である国際経営コンサルタント。頭が悪く英語が苦手だった私にとっては最後の夢は不可能に近いものでした。

夢は努力も何もしなければ、本当に覚めてしまうものなのです。夢に努力が伴えば、現実的な目標になり、目標は人を前向きにし、モチベーションを高め、時にはリラックスや楽しみも伴うものです。

「いつまでも夢ばっかり追って、子供みたいな……」

という人もいますが、私はそうは思いません。いまの仕事の目標だけではなく、もっと大局的な、もっと将来的な夢を見て、そこに向けて努力することが、なぜ子供のようなのでしょうか。

私は言います。おおいに大きな夢をもってください。**夢のない人には成長がありません。現実をしっかり掴んで、夢を見ることは人生をリッチにするとてもすばらしいことなのです。**

仕事のルール 73

返事はその日のうちに

新しい仕事の依頼があったとします。ただし、その段階ではスケジュールの確認ができません。安請け合いはしたくないので、返事は「後ほど、ご連絡致します」となるでしょう。この「後ほど」がくせ者です。どれほどの後ほどなのか。いつまで待てばいいのか。

待っている身になれば、返事はできるだけ早く欲しいものです。そこで、私は「返事はその日のうち」を実践することを進めているのです。

ここで、「返事」を「YES」あるいは「NO」と決め込んではいませんか？　必ず、どちらかの返事をしなければならないとなるから、その日のうちの返事がしづらくなるのです。

仕事で、どうしても会わなければならない人がいました。こちら側の都合ですが、どうしてもその人の話を聞きたかったのです。そこで連絡したところ、「そちらの都合のいい日時をいくつかあげて頂けませんか？」との返事。もちろん、複数回の候補を伝えました。すると

「スケジュールを確認してご連絡致します」との返事でした。

ところが、候補に挙げた最初の日時が来ても返事がありません。その時間は「もしかしたら、会えるかも知れないから」と空けてあります。折り返し電話がもらえるというのに、こちらから電話をするのも気が引けましたが、再度連絡すると同じ返事でした。「これは、会う気がないな」と諦めたのですが。

一方、ほかの方にアポイントを取りました。会話の流れは、全くと言っていいほど同じものでしたが、最後に一言「この日程の候補で時間がとれるかどうか、あるいは本日中に日程を決められるか決められないか、夕方までにはご連絡致します」と付け加えられたのです。

そうなると、取りあえず待っている時間は今日の夕方までになります。明日になれば、また違った予定を組むことも可能なのです。

このように、返事をその日のうちにというのは、「何らかのアクションをその日のうちにする」ということです。「本日はきちんとした回答はできません。明日まで待ってください」というのも、返事の一つなのです。**待っている人の身になれば、容易にわかりますが、そこに気づくか気づかないかで、電話の印象は大きく変わるのです。**

その日のうちに何らかの〝アクション〟を伝えることを心がけたいものです。

仕事のルール

74

出会いを大切に

日本には、お年寄りから生まれたばかりの赤ちゃんまで入れて、一億三〇〇〇万人がいます。八十歳まで生きるとして、生まれた瞬間から年間二十人の新たな人に出会い続けたとしても、一六〇〇人にしかなりません。月に二十人出会ったとしても、一万九二〇〇人です。それほど、その人と出会うことは貴重なのです。

年間二十人とすると人生で一六〇〇人。その人は一六〇〇分の一ですが、一億三〇〇〇万人の一でもあるのです。それほどの確率でせっかく出会ったのですから、そのままにしておくのはもったいないですよね。

仕事で多くの人に出会うとしても、一生で一六〇〇人はかなり難しい数であるでしょう。生まれた直後の出会いは本人は分からないわけですし、会社を退職してしまうと、なかなか新たな人に出会う機会は減っていきます。

先日、ベンチャービジネスで成功した若手起業家の会に参加しました。彼らになぜ成功できたのかを伺ったところ、皆さん一様に「運が良かったから」と言います。じゃあ、なぜ運が良くなったのかと聞きますと、「いい人と出会ったから」とか「ビジネスパートナーとの出会いがあった」と言うのです。

何においても成功に欠かせないことは、「いい出会い」だと講演の度に私は話しています。なぜ「いい出会い」が成功に必要かと言いますと、いい人がいい情報やビジネスチャンスを持ってきてくれるからです。

人間、能力があると言っても、一人の人間ができることは限られています。ビル・ゲイツにしても、マイケル・デルにしても、勿論、能力があったのは言うまでもありませんが、いい人に出会い、協力・支援してもらえたからこそ、若くして短期間で世界的な企業を創り上げ、莫大な個人資産も築き上げることができました。

人との出会いを大切にすれば、ビジネスはもちろん、人生にも大きな価値と幸運が生まれます。その人の価値観、人生観、死生観など語り合うこともできますし、それによって自分の中に新たな考え方も生まれるのです。せっかく出会えたのですから、自分の人生の中でも、その出会いを色のあるものにしようではありませんか。

仕事のルール

75

よくできました たいへん

経済力より信用力を

ライブドアの前社長、堀江貴文氏。今、彼の名前を知らない人はいないでしょう。彼の会社と個人名が一躍新聞紙上をにぎわしたのが、プロ野球新規参入騒動の時です。経営不振で解体・合併を余儀なくされた「近鉄バッファローズ」の買収に手を挙げたのでした。

当時、彼の話は何も間違えてはいませんでした。「自分のところにはお金がある。地元ファンも存続を望んでいる。選手も望んでいる。それなら、お金のある自分たちが買い取って、経営をしましょう」というものでした。この時、プロ野球経営者やその周辺は、彼の発言に対して反発したのではなく、彼の容姿でした。曰く「人前に出るのに、Tシャツとはなんだ」「礼儀知らず」「カネさえあればいいと思っているのか」……。

経営陣が経営に失敗し、選手やファンを路頭に迷わせようとしている時です。その責任者が「お金があるから買うよ」と言っている人に、そんな物言いがあるものかと思ったものです。堀江氏が問題提起したプロ野球問題は、結局、一つのチームがつぶれ、新しいチームが生まれるという「一体なんの騒ぎだったのか」という結果に終わりました。しかも、新しいチームを作ったのが、同じＩＴ関連企業の楽天だったのです。

このとき、社長の三木谷浩史氏は、自慢のひげをそり落とし、ばっちりスーツで決めてきたのです。容姿は信用にもつながるという、日本の不思議なところでもあります。

その後、ニッポン放送の買収劇、いわゆるホリエモン騒動に関しても、堀江氏の行動は法律的になんの問題もない、と東京高裁レベルで判断されたのにも関わらず、非難を受け続けました。これはひとえに「経済力」よりも、「信用力」の問題ということです。マイクロソフトのビル・ゲイツもＴシャツで人前に出ます。しかし彼は、ソフトウェアを作って広めたという信用が、容姿よりも大きいのでしょう。

「お金があれば、格好なんてどうでもいいじゃないか」

それも事実かも知れません。しかし、**信用できない人と仕事ができますか？　信用を構築するまでは、見た目で勝負するのが一番なのです。経済力をひけらかすと逆効果なのです。**

一番はお金も持っているが、そのお金を生み出したのが信用力、というのが理想ですね。

お金で信用は買えません。しかし、信用がお金を生むことはよくあることです。

仕事のルール

76

ピンチをチャンスに

順調に人生を送ってきた人が、小さなつまずきでも耐えきれず、そのままドロップアウトしてしまうことがあります。打たれ弱い、という言い方をされることが多いですね。

昔は「苦労は買ってでもしろ」と言われていました。ピンチも苦労の一つです。わざわざ買う必要はありませんが(笑)。ただ、**ピンチは人を成長させます。苦境に立ったとき、人は全ての感覚を使って、その危機から脱しようとします。そこには、通常では思いつかないようなアイデアが埋まっているのです。いわゆる「火事場のバカ力」ですね。**

リミッターが切れた段階で、ようやく出てくる力のことです。これは潜在的に持っているのに、危機に立たされるまで浮かんでこない種類のものなのです。ピンチ・苦境に何度か立たされると、脱出方法も学ぶようになります。最初の機会ではピンチだったかもしれませんが、同じことに二度目にあったときには、それはすでに「経験済み」となるわけですね。

私は、経営大学院留学のため、日本の大学の卒業式を待たずさっさと渡米してしまいました。七校も受けたので、どこか一校ぐらいは入るだろうと思い、まわりの人に留学宣言したところ、祝賀会までやってくれました。ところが渡米後、すべて受験に失敗。途方にくれていたところ、元々その会社で働きたかったため経営大学院を受験した、米国大手国際会計・経営コンサルティング会社に無事採用。ピンチでしたが、結果的にはチャンスになりました。

ただ、ピンチの時には必ず脱出できるとは限りません。脱出できず負けてしまうこともあります。**負けから学ぶことも大いにあります。これも経験です。ただし、この経験を以降、間違えて使っては困ります。負けることに慣れてしまう、いわゆる「負け癖」がつくような経験にはしてはいけないのです。負けた時にでも、負けを認め、その中から負けた理由・原因を学び、次に負けないように回避方法を身につけて、次にはしっかり脱出する。負けの経験は、次の価値につなげる経験値としなければ、経験が無駄になってしまうのです。**

ピンチを知っている人間は、それだけ通常では出てこない力を使った経験があるということになります。これは、ピンチに陥っていない人よりも大きな知恵にもなり、大きな武器にもなるのです。こんなチャンス、望んで手にできるものでもありません。多いにピンチで学び取ることをお薦めします。つまり、ピンチは望んでもできない大きな経験ですよ。

仕事のルール

77

好きな本を読みまくろう

恋愛小説、サスペンス、SF……。小説にもさまざまなジャンルがあります。また、ノンフィクションも、あらゆるジャンルが揃っています。

「仕事が忙しくて、本なんて読んでいる時間がない」

という人もいますが、いくらでも本を読む時間はあるはずです。本を読むべき理由は、一人の一生では体験できないことがたくさん詰め込まれているからです。例えドロドロ恋愛小説であろうと、絶対にこんな状態は自分の人生にはありえない、と思うようなものであろうと、仕事関係に置き換えてみたら、意外と似ていたりしませんか?

また、**文章を多く読むということは、知らず知らずのうちに、文章を書く能力を上げる側面もあります。文章を読む力、読解力が高まると、物事を頭の中で整理することが訓練されます。物事が整理されれば、何かを相手に伝えるときに、きちんと整理して話すこともでき**

ますし、文章も同じように整理して書くことができるようになるのです。

私は高校を卒業するまで、読書が大嫌いで大の苦手でした。その分、楽なテレビばかり観ていました。ところが、自分の進路について模索始めた際、本屋で面白そうな本を見かけて買ってみたら、楽しくて一気に読んでしまいました。それから好きな本をどんどん読むようになり、今では年間三〇〇冊以上は読んでいます。**ただ好きな本だけ読んでいますが、段々思考能力や表現能力が高まってきているようで、仕事に大いに助かっています。**

出版されている本は、第三者に読まれることを前提に書かれています。そのため、別の場所で説明する必要のない書き方がなされているはずです。また、書籍という商品になるわけですから、書店に並ぶまでに何人もの人の目に触れているのです。その間に、不鮮明な表現などは加筆されたり、変更されてきています。

そのような文章であれば、ジャンルを問わずどんどん読むべきです。トイレの中でも、また入浴中だってその気になれば読めます。電車の中など、ちょっとした時に読めますよね。どんどん読んで、その表現力などを吸収していきましょう。

読書は、読解力がつくと同時に社会人としての表現能力も高まります。ですので、読書を続かせるためにジャンルはなんでもいいので好きな本を乱読してみて下さい。

仕事のルール

78

書類のファイリングを即座にしよう

整理整頓はとても重要です。きれいな場所で仕事をする方がいいというのはあたりまえなのですが、一つ一つ片づける時間と手間を考えても、効率は整理していた方が上がります。そこで、整理の仕方というものがあります。それは、結局は自分で見つけなければいけないのですが、私の方法のポイントを紹介します。

最初の仕事だった場合、その仕事は一つの仕事としてファイルします。袋に入れて、その袋に仕事の件名を書くだけでもいいでしょう。そんな仕事の件名が書かれた袋が三つ四つ揃ったときに、一度、全て取り出してみましょう。仕事という縦割りのパッケージだけではなく、横に関連性のあるパッケージが見つかりませんか？　市場調査情報など、一つの仕事だけでほかの仕事には使わないというものではありませんし、また、そのような情報があれば、企画のヒントになったりもします。

書類のファイリングは、自分で創意工夫して、できるだけ使いやすく、取り出しやすくしましょう。タイトルには日付を入れたり、キーワードを書き込んだりなど、自分なりのジャンル分けをすれば完璧です。

どのファイリング方法を採用するにしても、絶対にしなければならないことがあります。それは、**仕事の情報や資料ができたら、即座にファイリングすることです。時間がある時にファイルを作ろうと思っていたら、どんどん違う情報や資料ができ、溜まっていきます。そのうち、前の情報や資料が必要になるわけですが、ファイリングしていないですから、探し回って時間とエネルギーのロスをします。その上、締め切りに間に合わなくなる等、仕事上でのダメージが発生します。ですので、絶対に情報や資料を溜めず、すぐにファイリングすることです。**

このように、ファイリングがきちんとできていないと、いざ必要となった時にどこにあるのか、探すことから始めないといけません。それは時間の無駄でファイリングしている意味がありません。効率良く、物事を行うためにも、ファイリングは大きな武器になるのです。

人のファイリング方法を真似ても、自分に合っていなかったり、上手くいかないことが多いので、自分独自のファイリング方法を見つけ出し実行してみて下さい。

仕事のルール

79

よくできました

コピーする時は、誰が何のために使うか考えて

新入社員のうちは、上司からコピーを頼まれることが多いですね。そのときに、「何に使うのか」「誰が見るのか」「何部必要なのか」「サイズは?」などを確認するのは基本です。

ここに、もう一つ工夫を加えましょう。

コピーの原本を一つ一つ確認すること。元が曲がって印刷されていたら、そのままコピーすると曲がってしまいます。また、原本に汚れや印刷ずれができていたら、その部分は修正液できれいにマスキングし、コピーされたものには写らないようにします。コピー機のガラス面の汚れもきれいに拭き取りましょう。

もしも、会議で使うものだったら、参加人数にプラスして何部か予備にコピーをとっておくのも重要です。その時、急に参加者が増える可能性もあります。

また、参加者の中に年配の方がいる場合には、文字が大きくなるように拡大コピーもとっ

ておくことも重要でしょう。

正直言って、私は会社勤めしていた際、仕事の上での能力はいつも並以下でした。そんな私をアメリカ人上司は引き上げ、スピード出世させてくれました。経験・知識・専門能力という面では人よりも劣っていた私を上司が評価してくれたのは、この「気を遣う」部分だと確信します。

能力面ではとても他の社員に勝てないと判断した私は、戦いの場をコピーなど含めた、気配りが必要なところに持ち込みました。案の定、仕事のコアの部分しか考えていなかった他の社員は、コピーなどどうでもよく、いい加減なことをしては上司からの評価を悪くしていました。見るに見かねて、「コピーも気を遣って真剣にやろう!」と私が進言したら、「それじゃあ、これから私たちの分までコピーしてよ」って皮肉一杯。

要するに、使う人の立場に立って小さな作業から気を遣って行うことです。そういう一つ一つが、仕事の成果と同様に評価の基となっていくのです。例えば、同じ程度の仕事の能力だったら、少しでも気を遣える人と組んだ方が気分もいいですし、効率も上がるというものです。気を遣うことは、「人の身になる」ということですから、心の持ちようでできるのです。

仕事のルール
80

ベンチャー人間を目指そう

「ベンチャー人間」という言葉に、どんなイメージがあるでしょうか。人よりも秀でた感性と能力があり、統率力とチャレンジ精神に優れ、時勢を読むのがうまく、新しいビジネスを立ち上げ成功させる人。つまりスーパーマンを想像したりしませんか?

確かに、マスコミなどでもてはやされるベンチャー社長に対するイメージは一元的で、よくその様に見られますね。その裏にある努力や修行、勉強などはあまり表に出ることはありません。

ベンチャーは、冒険や冒険的な企て、投機などと訳されます。冒険心を持ってチャレンジする人間は、さまざまなアイデアを持っていることでしょう。

冒険家といわれる人たちは、その冒険のためにあらゆる準備をします。最悪のケースを想像して、そのための脱出方法だって何種類も考えていくはずです。なんといっても、命が掛かっていますからね。

ベンチャー人間とは、冒険心がある人ということです。様々なことにチャレンジする精神、そして、そのための準備を怠らない心がけ。それがあれば、社会で苦況に立たされた時にでも、自分で脱出する術を考えられるからです。

また、ベンチャー人間は起業家という意味合いもあるでしょう。会社員であっても、持っている仕事で自分が責任者だと想定して動くことは、責任の所在なども明確になるものです。そういう、起業家意識を持つこともベンチャー人間といえるのです。

今、社会ではサラリーマン的な生き方をしている人が大多数で、会社員でベンチャー的な生き方や仕事をしている人、即ちベンチャー人間はほとんどいません。しかし、**不況が続く現在、企業はそのベンチャー人間を求めています。ですので、若い時からベンチャー人間的生き方を目指した方が、勝ち組になれる可能性は高くなります。**

ベンチャー人間は責任感があるので、慎重ではありますが、冒険心と創造力溢れるチャレンジャーです。社会、特に会社がベンチャー人間を求めている以上、そうなれるよう自己変革したいものです。

仕事のルール
81
毎日、小さな成功体験を積み重ねよう

ピンチや失敗が重要な意味を持ち貴重な体験につながると話してきました。順調な人生では得られない経験や力が身に付くと。しかし、もう一つ「負け癖」がついてしまうことは、避けなければならないとも言いました。

正反対のことのように聞こえるかも知れません。でも、よく考えてみれば分かると思いますが、同じなのです。ピンチや失敗を通じて経験した幾多のことで、負け癖をつけるのではなく、逆境に強くなる経験を身に付けることです。負け続けることではありません。

そのためには、「成功する」という事実も身に付けなければならないのです。成功といっても、まだ仕事を全て任されることもないのに、どうやって成功したらいいのか。ほんの小さなことでもいいのです。

小さな成功体験ですから、何でもいいのです。今までできなかったちょっとしたことが今日できた、ということです。例えば、毎日飛び込みで営業に行っても、どこの営業先企業の社長にも会えなかったのが今日初めて会えたとか、人前で話すのが苦手なのに、今日の朝礼で初めて上手く話せ聞いていた人から誉められたとかです。目的は、ささいなことでも成功し続けることによって自信をつけることなのですから。

私も小さな成功体験を積み重ねてきたからこそ、仕事に対する絶対的な自信がつきました。勿論、失敗も多くありましたが、成功体験も積み重ねてくると、勝ち癖がついてきますから、失敗の体験も次の成功に結びつけるための大事な反省・分析材料になりました。

テキサス大学経営大学院（ビジネススクール）で、ビジネス関連科目を教えるチャンスを得た際、最初の頃は講義で失敗ばかりしていました。声が小さ過ぎて受講者のほとんどが理解できなかったとか、間違った内容を教えていたとか、時間配分を失敗して試験範囲をカバーできなかったなど、挙げればきりがないです。しかし、毎回失敗する毎に対策を考え次にはできるよう準備しましたので、失敗体験が成功体験へと段々変わっていきました。その結果、大学院側は、私との契約を二年で終わるところを、七年間と期間延長してくれました。

ピンチや失敗で得難い経験を積み、日々の小さな成功体験で「成功する喜び」を感じていけば、身に付いた経験と勝ち癖から大きな成功を手に入れることも可能なのです。

仕事のルール

82

まず、目の前にあることに全力であたろう

少し仕事に慣れてくると、どんどん仕事を頼まれるようになります。とはいえ、仕事を任されることはなく、誰かの指示の下に動かなければならないでしょう。

仕事を頼まれたら、まずスケジュールを考えます。優先順位をつけて、きちんと分かるようにファイリングします。その後、何のために必要なものなのかを理解したら、とにかく目の前にある仕事に全力を投じましょう。ほかの仕事もやりながら、あっちの仕事もこっちの仕事もとやっていたら、集中力も欠けミスが出る可能性が増えてしまうのです。

時間で区切るのも手です。何時まではこの仕事をやって、それ以降はあっちの仕事と。ただし、その仕事をやっているときは、とにかく集中して仕事に邁進することが、仕事を覚える上でも、生産性を上げるためにも、また自分の評価を上げるうえでも、必要なことです。

自社の経営、顧問先への経営支援・コンサルティング、他社の役員としての活動、本・雑

誌のための執筆、社内外組織主催の講演、NPO法人・慈善事業団体への理事長・理事としての活動、教育・研究機関への支援。私の毎日の活動内容です。すべて独立したものですので、同時に進めています。が、もし目の前にあることを全力でやらなければ、集中力を欠きリズム・調子を崩し、波及的に他の活動にも影響を与え、すべてが狂い始めるでしょう。

人間は機械と違います。精神的なものが仕事の成果を大きく左右させます。例えば、汚い場所や落ち着かないところでは集中できにくいため、仕事の効率も下がります。そんな中で無理して仕事をしても精神衛生上悪いので、ストレスがたまり病気にもなるでしょう。

仕事に全力であたれば、自ずと集中力もつき、仕事の密度も高くなります。そして、慣れてくると仕事に費やす時間も短くなり、効率もどんどん上昇するのです。

そんな姿を上司が見ていれば、評価も上がり、少しずつ責任のある仕事を任せてくれるようになるでしょう。一生懸命、毎回目の前の仕事をこなすことは、例えミスをしたとしても、評価を下げることにはつながりません。むしろ、限界に挑戦して弱音を吐かず頑張っている姿を見ると、上司や周りの人達もあなたのことを励まし応援してくれますよ。

とにかく、**目の前にある仕事を「片づける」のではなく、「全力を持って丁寧かつ効率的にあたる」ことです。**

仕事のルール

83

聞く前にまず自分で答えを出してみよう

「わからないことがあったらとにかく質問しよう！」と推奨しています。しかし、聞く前にまず自分で答えを出すことも薦めます。まったくわからないのに聞かないのも困りますが、考えもしないで答えを最初から聞くのは「私はバカです」と言っているようなものです。

「わからない」という現象には、二種類があると思っています。一つは「どんなに考えても答えが出てこない」状態。そしてもう一つが「話を聞いた直後の今わからない」です。

自分が質問される立場だと考えてみましょう。何か仕事上の指示を出した途端、すぐに質問されたらどう思いますか？

「自分で考えろ！」って思いますよね。質問にはその仕方というのがあるのです。まずは、間違えてもいいから自分で考えてみます。もちろん、考えの課程も明らかにしていきます。そして、答えが出たときに、上司に「これはこれこれ、こういうことで、こうすればいいのですか?」と、何をどう考えて導かれた答えかわかるように質問すればいいのです。

質問は、ただ「聞く」という意味ではありません。考えて導き出した答え、あるいは考えても導き出せなかった経緯を明らかにして、ものを問うのです。

新入社員時代、超忙しい上司についた私は、まったくわからなければ質問はしましたが、その前に徹底的に調べました。ただでさえ頭が悪いことで上司に迷惑をかけていましたので、自分でできることはまずやり、上司の時間と手間をとらせないようにしました。

どんなことでも、立ち止まって自分で考える習慣をつけましょう。自分で考えて出した答えは、間違えていたとしても無駄にはならないのです。答えの正邪よりも、その考える課程がもっと大事です。なぜなら、考え方や課程が正しければ、次からはその問題に関しては、正しい答えが出せます。でも、たまたま答えが合ってしまった場合、考え方や課程が正しくなければ、次回からまた同じ問題で行き詰まるでしょう。

何でもまず人に答えを聞くのではなく、自分で考える癖をつければ、創造力や問題解決力が飛躍的に伸びるでしょう。ビジネスにおいて、答えは必ずしも一つではなく、複数あることはよくあります。従って、自分なりの答えを見つけ自分なりの方法で実行することも、一人前の社会人としてはあたりまえのことです。

仕事のルール

84

できる人の言動から学ぼう

顧問先のベンチャー企業に伺ったところ、早過ぎて社長はまだ出社されていませんでした。担当者に会いに寄ったら電話中。聞くつもりはなかったのですが、ついつい彼女のいつもながらの見事な電話応対の声が耳に入ってきます。

「おはようございます。〇〇〇株式会社でございます。」

「……」（電話の相手の声は私には聞こえませんでした）

「はい、〇〇〇工業の東田課長様でございますね。いつも大変お世話になっております。私、経営企画室の大木と申します。町田でございますね。町田は、本日午前中はお客様を訪問致しておりますが、午後一時には戻ると申しておりました。お急ぎでございましたら、至急こちらから連絡をとるように致しますが。それとも私の方で何かお手伝いできることがございますでしょうか?」

適度な声の大きさ、言葉の歯切れの良さ。あまりに見事な応対に感心して聞き惚れておりました。するとその直後、新たに電話が鳴り、新人らしい若い女性が電話をとりました。

「○○○株式会社です」

「……」(先方)

「はあ、町田さんはまだ来てません。あ! どこかに寄るって言ってた気もしますが……」

「……」(先方)

「え! 私入ったばかりなので、細かいことはわかりません。彼の予定も聞いてませんし……。本人じゃないとわからないので。言っときますが、また後でかけ直して下さい」

あまりの二人の対応の違いにショックを受けました。ベテランと新人とはいえ、二人が同じ会社の同じ部署の社員とは信じ難い思いでした。聞いたところ、その中途採用の新入社員は入社して既に三ヶ月は経過しているとのこと。

電話対応は苦手だとのことですが、あんなに素晴らしくできる先輩が隣に座っているのに、なぜあの新人さんは彼女から学び、いいところを真似しようとしないのか不思議です。

個人主義化・マニュアル化されつつある仕事環境ですが、できる人の言動から学ぶことが最も効率的効果的仕事習得法であるのを、若手の皆さんにはわかってほしいものです。

仕事のルール

85

電話は短くポイントをついた内容を話そう

人と約束をする時、まずは電話を使うことが多くなったでしょう。最近ではメールも多用されるでしょうが、最終決定や確認のために電話をする、というのは通常行われている行為だと思います。

電話をかける場合、相手がその時間何をしているのか見えません。相手の時間に突然割り込む行為だということを、電話をかけるときには忘れてはいけないのです。ということは、相手は機嫌良く電話口に出たとしても、通常何らかの作業を中断しています。そこで、電話での会話は、重要なポイントをついてできるだけ短い時間で済ませるように心がけましょう。

もしも、電話をかける前に長くなりそうな場合は、それこそメールの出番です。メールで「お話をお伺いしたいのですが、少々時間が掛かると思います。ご都合のいい時間をお伝え頂ければ、こちらからご指定の時間にお電話差し上げます」などと、最初から断っておくと、

相手もそのつもりで時間をとってくれるはずです。

顧問先で、一流大学、大手商社出身の中堅幹部を雇うことになり、社長に最終面接に同席するよう言われて立会いました。経歴書は立派だし、人柄も良さそうなので、問題ないのではということで採用が決まりました。

ところが大いに問題がありました。彼は「長電話魔」だったのです。一度電話で話し出したら止まりません。世間話から始まって、忙しい相手を捕まえて長い長い冗談を連発。かわいそうなのは相手先です。「長電話魔」で知られた彼は、顧客からは相手にされず、結局、下請けのリストラ対象組としか話してもらえなくなりました。それもそうです。一度電話をかけてきたら、平気で三十分。場合によっては一時間も話し続ける。相手もたまったものではありません。

最後は、会社が成功報酬型給与体系に切り替え、彼は結果が出せず辞めていきました。それもそのはず、あんなに毎日電話で無駄話をしていたら、成果など出るわけがありません。

何が何でも、短くしなければいけないというわけではありませんが、**電話は突然の来訪者です。仕事での電話は、特に敬意を表すためにも、相手の時間を奪わないように気を遣い、話はポイントをついて短くしましょう！**

仕事のルール
86

会議では脱線させるような話・質問はやめよう

会社に入れば様々な会議があります。取締役会・経営会議などフォーマルなものから、ちょっとした部署・チーム内での打ち合わせのようなインフォーマルなものもあります。全ての会議で議論が白熱し、しっかりとした結論が出るわけではありません。時には、誰もが押し黙るように進まないこともあります。

例えそうなったとしても、無駄な時間というわけではありません。様々な考えやバックグラウンド、また責任をもった人が顔を突き合わせて、同じ話題で頭を働かせるというのは、重要な時間の過ごし方の一つでもあります。ちょっとした誰かの発言からヒントを得て、一人では浮かばない素晴らしい知恵やアイディアが出てくることもあります。

ただし、せっかく一つの議題に参加者全員が集中して議論している時に、流れも読まず、頭を働かせずに、混ぜっ返すような発言や質問をする人がいます。本人は大真面目なのでしょうが、きちんと話の流れや趣旨を理解していないのです。要するに、みんなで同じ議題で考え話しているはずが、その人だけは、同じ時間を共有していないということになります。

極論してしまえば、会議の中身を共有できない人は、そのまま共有しなくてもいいのです。しかし、そのお陰で会議が混乱したり、脱線してしまっては、参加者全員の時間を奪うのみならず、やる気を欠いてしまいます。

もしも議論に加われなくても、あるいは理解できないため質問をしたくても、しっかりと場の雰囲気を読みましょう。場の雰囲気を読むことも頭を働かせることの一つであり、立派に会議に参加している証です。他の人の話をしっかりと聞いているうちに、疑問がはれるかもしれません。そして、議論が進むうちに、質問の時間がくるかもしれません。その時に、いつ頃話したこういう内容について、こう考えたのだけれども分からなかったと要旨をしっかり伝える形の質問をしましょう。そうすれば、脱線させることにはなりません。

理解できないことが罪なのではなく、参加者の時間を奪ったり混乱を招くことが大罪であることを肝に銘じたいものです。また、会議で結論が出なくても、焦る必要はありません。いい議論ができたかも知れません。ただ、その会議を意義あるものにするため、会議の終わりに、次の会議までに誰が何をするかを確認することは必須です。

仕事のルール

87

会議中、相手から書類を渡されたらまず上司に見せよう

取引相手と会議をする場合、判断を下せる人、決定権を持つ人が双方にいるはずです。あなたにとっては、それは上司ということになるでしょう。会議中、たまたま座っている位置から便宜上、相手はあなたに書類を手渡しすることもあります。また、取引相手があなたを介して、決定権のある上司に書類を渡してもらおうと思い、あなたに差し出してくることもあります。

この場合、場の雰囲気の読めない人、気遣いができない人は、自分に見るよう暗示されたものと勘違いし、上司に回すどころか、上司を差し置いてその内容を読み始めます。

私は何度となくこの場面に出くわしました。それも、ある時は書類を差し出した側で、ある時は受け取る側です。相手の意思決定者に見てもらうために差し出した書類がそうならず、部下が読み始めた時、「頼むから上司に見せてくれ！」と思わず心の中で叫びます。会議中そ

の書類が相手方の上司に行くまで、場を保たなければならないからです。下手に説明を続けると、資料なしでは理解不足になり、再度説明しなければなりません。最悪の場合、時間切れで説明が再度できない時は、通常相手方の上司は内容を正しく理解していません。

また、逆のケースもあります。私はスピード経営を心がけていますので、何でもできるだけ早く決断を下します。初めての件でも、忙しいこともあり、できれば会議中に決めたいのが本音です。一度理解してしまえば時間をかけて考えても結論は変わりませんので。しかし、部下がその意思決定に必要な資料を即刻私に回してくれない時は、かなりストレスがたまります。相手方の説明はよく理解できないし、そのため判断もできなくなるからです。

何も言われなくても、取引相手に書類を渡されたらすぐに上司に見せましょう。決定権を持ってない人が、最初に見る必要はないのです。例えメモ書きでも、重要なものである可能性もあります。上司から見せられ意見を求められた際、初めて書類を読みコメントすればよいのです。

とにかく、決定権のないうちは、自分で勝手な判断をしないことがビジネスの基本的なルールであることを覚えておいて下さい。また、取引先との会議はいつも真剣勝負の戦いであることも忘れないで下さい。

仕事のルール
88

よくできました たいへん

仕事は全力で緻密に、結果は楽天的か前向きに

目の前にある仕事は全力で、集中して行おうと言いました。「一生懸命やった」としても「集中して向かった」としても、必ず成功するとは限らないのが、仕事というものです。

一生懸命やったのだから、絶対にいい結果になって現れるはず、と思っていても、何やらミスがある場合もあります。

そうなってしまった時には、あなたはどう感じるでしょうか。

「一生懸命やっても、駄目なものは駄目なんだ」

とやる気をなくしますか。それとも

「結果はミスしてしまったけど、それまでの経緯に得るべきものはあった。次こそは、ミスがないように頑張ろう！」

とミスを次への活力にしますか？

勿論、後者となって欲しいものです。

新人のうちには、ミスは大きな悪評価にはならないものです。ミスを怖がってびくびく仕事をすると、覚えられることにも二の足を踏んでしまうことも考えられます。それくらいなら、多少のミスを気にするよりも、大胆にチャレンジした方が経験値は上がります。

もう一つ。新入社員のミスは、会社のビジネスに大きな損失を与えるようなことにはつながりません。そこまで重要な案件を新人に頼むことはあり得ないのです。ある種、新人がミスを犯すことは想定の範囲内なのですね。

だから、ミスしてもいいと言っているのではありません。仕事は全力かつ集中し、緻密に行うことは言うまでもありません。しっかりとそうやって仕事したのなら、結果は最悪でも、得るものはあるということなのです。ミスをしたら、なぜミスをしてしまったのか考える動機になったいい機会を与えてくれたといい意味で楽天的に受け止めることです。

気にしないというのではなく、次につなげること。これが何よりも必要な態度であり、重要な心がけなのです。

ミスを怖がって萎縮するよりは、とにかく全身全霊を賭けて仕事してほしいですね。

仕事のルール

89

業務日報は事務的な作業にせず反省に使おう

業務日報のない会社も最近出てきましたが、私は日報はつけるべきだと思っています。一日のはじめに、今日やるべきことのリストを作ることをお薦めしました。そのリストの成果を評価することが必要だからです。

そのために業務日報は最適なものです。多少時間が掛かっても毎日つけることです。リスト通りに仕事ができたのか、リストの中の何に手間取ったのか、その理由はなんだったのか。そういう仕事については、その日のうちにきちんと考察すべきなのです。

単純に、スケジュールを書き込んでいてはもったいないです。どちらにしろ、時間をとられるのなら、その日の朝に計画したことと、実施したことを比較すべきなのです。いわゆる反省ですね。

その日に反省し対策を考えておけば、次の日に引っ張ることはありません。それよりも、次の日にはその反省と対策に基づいた行動をすぐに起こせるでしょう。

一日の終わりにその日を振り返ることは、心と仕事の整理整頓にもつながります。それが仕事の効率を上げることにもなるのです。

会計事務所、弁護士事務所、コンサルティング会社などプロフェッショナル・ファームと言われるところでは、緻密なタイム・シートを毎日書くことになっています。会社によって違いますが、私がいた米国の大手国際会計・経営コンサルティング会社の場合、そのタイム・シートでは三十分毎にどのクライアントに何の仕事をしたかを、毎日具体的につけなければなりませんでした。そのため、みんな仕事の効率とスピードをかなり意識して行動していました。一分一秒惜しんで仕事する、正に真剣勝負という感じです。当時は機械みたいで嫌でしたが、タイム・シートを毎日つけたお陰で、プロとしてより効率良く仕事をする方法を毎日追求しては実行し、それを体で覚えさせられた思いです。

タイム・シートのことを思うと、業務日報を書くのは比較にならないほど楽です。**私の会社では業務日報を書くことを義務づけていますが、業務日報を毎日欠かさず出せない人は信用しません。仕事においても、毎日のコツコツとした努力の積み重ねとその反省ができる人のみ結果が出せるからです。**

仕事のルール 90

よくできました たいへん

尊敬語と謙譲語を峻別しよう

一人前の社会人かどうかを判断する基準の一つに、敬語が正確に使えるかどうかがあります。ただ、ややこしいことに、日本語には敬語が三種類も存在します。丁寧語、尊敬語、謙譲語です。丁寧語は、そのまま丁寧な言葉遣いによって相手を敬う言葉のことです。問題は、尊敬語と謙譲語です。

尊敬語は、相手を敬って、その人自身やその人に属する物・事・行為を言うときに使い、謙譲語は自分や自分に関する事をへりくだって言う場合に使います。尊敬語は相手に対して遣い、謙譲語は自分に対して使うのです。ただ、間違って使ってしまうのがこの二種類です。

「○○さんがおられましたら……」と「○○さんは参られましたか」。

これはどちらも尊敬語と謙譲語を逆用した誤用例です。「おる」「参る」は謙譲語ですから、相手の行為には使いません。前者は「いらっしゃいましたら」、後者は「○○さんはおいでになりますか(お見えになりますか)」が正しい使い方です。また「部長が申していらっしゃいました」なども間違いです。「部長が申しておりました」が正解です。謙譲語「申す」と尊敬語「いらっしゃる」を混同した例です。

尊敬語と謙譲語で誤りやすい語句を(一般形/尊敬語/謙譲語の順)いくつか紹介します。●見る/ご覧になる/拝見する・見せて頂く ●聞く/お聞きになる/承る・伺う・拝聴する・お聞きする ●行く/いらっしゃる・行かれる・お出かけになる/参る・伺う ●来る/いらっしゃる・おいでになる・お見えになる/参る・伺う ●する/なさる・される・お~になる/いたす・お~する ●与える/くださる/あげる・差し上げる ●食べる/召し上がる・お食べになる・あがる/頂く・頂戴する ●思う/思われる・おぼしめす/存ずる・拝察する ●会う/お会いになる・会われる/お会いする・お目にかかる ●話す/お話になる/お話する ●使う/お使いになる/使わせて頂く

普段使わない言葉をいざ使おうとすると間違え易いのは誰もが経験していることです。日頃からちゃんと要所要所で敬語を使い慣れておかなければ、敬語は使えません。会社では使わなければならない場面はよくあるので、徹底して練習しておきましょう!

仕事のルール

91

まず結論から言おう

「起承転結」という言葉があります。この順番に文章を書くと、良い文章になるといわれているものです。

「起」……問題提起、「承」……起を受け、「転」……起・承に対して反論を展開し、「結」……全体を結んで結論づける。

基はといえば漢詩、特に絶句の構成法がその原点です。この起承転結、数学の証明問題でも使われています。この形が論理的に一番すんなりいく形なのでしょう。

しかし、会話はリズムです。また、口から出した瞬間から過去になってしまい、正確に戻ることも難しくなります。起承転結で話をしようと思っても、途中で質問されたり、同意されたりなどで他の人が割り込んでくると、なかなか「結」までいかないことも多いでしょう。

特にビジネスでは、長々と最初に説明を行っても、興味を示してくれる可能性は低いのです。そこで、まず結論から話し始めましょう。例えば、商品を売るために人と話したとします。その商品は、軽さが売りのOA機器と仮定しましょう。

「従来のOA機器は、重たく、持ち運びに不便という問題がありました」

「そこで、その問題を何とか解決できないかと、弊社では技術部門が一丸となって、バッテリー部分を小さくしたのです」

「でも、それで短時間しか連続利用できないようでは、持ち運びできるというこの商品の特徴は生かせません。試行錯誤の末、ようやく問題が解決しました」

「これが、六時間の充電で十二時間連続利用できるOA機器です。胸ポケットに入るくらい軽いのです!」という話と、

「これは胸ポケットに入るほど軽いOA機器です」と結論を言った方が、興味を持ちませんか? 顧客は細かい技術や、開発過程よりも、その結果が重要なのです。結果に興味を持てば、「なぜそんなことができたの?」と質問されるかも知れません。結論以外の話全てを相手に伝える必要はないし、相手も知りたいとも思わないかも知れません。

まずは、結論。これが相手の興味をひく魅力的なビジネス会話術です。商談の際、重要なのは課程よりも結果ですから。

仕事のルール 92

間違えたら謙虚に認めよう

人は必ず間違いを犯します。間違いにさらに間違いを重ね、間違いを犯し続けてしまうことが多いのも人です。**一番犯しやすい間違いが、間違いを認めないという間違い**と言ってもいいでしょう。

小さなミスでも、決して認めたがらないという人が少なからずいます。刑事事件になりそうなものではなく、日常の些細なことです。ちょっと「ごめん」「失礼」と言えば、お互い気持ちよくなれるはずのものに対しても、認めない場面によく遭遇します。

「欧米では、自分から絶対に謝ってはいけない。そんなことしたら裁判で負けてしまうから」と言って、自分のミスを認めない人がいました。この話も間違いですね。まず、間違いを犯した事実を認めないという間違い。それと、欧米では絶対に謝らないという間違い。これは、交通事故などのケースに多いでしょう。

訴訟王国なので、その手の話は「代理人が来るまで口を開かない方がいい」という特殊なケースです。ですから、全てにおいて欧米人は間違いを認めないということはありません。それに、ここは日本で相手は日本人です。ここも間違いのポイントですね。

米国でも私のアメリカ人の友人達は、日常の生活の中では間違えをすぐに認め謝罪していました。私が車のドアの前で背を向けて電話をかけていたら、急にドアを開けて私にぶつかったのです。すると「ソーリー」とすぐに言ってくれました。「ケガはありませんか?」と気遣うことまでしてくれたのです。ここで謝ってもらえなければ、きっと腹が立ったことでしょう。人間関係にも影響してくるのです。

仕事上のミスでも同じです。間違えたら謙虚に認めましょう。間違えが事実であれば、まず認めること。言い訳の機会が与えられたら、そこで説明すればいいのです。どんな理由で間違えてしまったのか、人に指摘されてはじめて間違いを発見した場合には、その理由を指摘されなければ考えなかったと言えます。

間違いを認めることで、間違いという過ちを重ねなくても済むのです。また、人間は完璧ではありませんから、必ずどこかで間違えます。気が付いたら、指摘されたら、すぐに認め謝る器の大きさが、ビジネスでも長期的に成功できる因になります。

仕事のルール

93

行き詰まったら書いて思いをまとめよう

ものを考える時に、部屋中を歩く人がいます。公園に散歩に出る人もいます。トイレに引きこもるという人もいました。考えに行き詰まったら、特にそういった行動に出るようです。

ものを考える時、行き詰まった時には、その解決方法は人ぞれぞれでしょう。しかし、一つだけ全員に当てはまると考えられるものがあります。それは、それまで考えてきた課程を書き記すことです。

「堂々巡り」という言葉があります。AからBに考えて、Cに行き着いたのだけど、結論がでない。そしてもう一度考え直して、CからA、そしてB、結局結論には行き着かない、そんな状況です。

なぜ行き着かないのか。考える方向は変えていても、考えている事柄は一緒だからです。それで、同じ道を行ったり来たりしてしまうわけですね。誰しもそんな経験はあるはずです。

でも、頭の中で考えているだけでは、同じ範囲で組み合わせを変えているだけということには気がつかないかもしれません。

そこで提案です。とにかく、考えたら書き留めることです。何をどのように考えたのか、書くのです。書いておけば、どこに思考の間違いがあるのか、あるいはほかの思考への枝があるのか、見えてきますね。

スムーズに結論が導けた時は、書き留めなくてもいいでしょう。しかし、行き詰まった時には、書き留めることがとても参考になります。少なくとも堂々巡りは回避できます。

そして、**不思議なことに文字にすると考え方が自ずとまとまることが往々にしてあるのです。そして、違う道が見えてくる。書き留めることによって、客観的に見られるようになるものなのです。**

そうなれば、解決の糸口を見つけることもできます。最初から考える方向が間違えていたのかも知れないし、最後のほんのちょっとの気付きの部分かもしれません。それを書き留めることによって、客観的に見つめるのです。

客観的になれれば、あとはその気持ちのまま、考えを精査していくだけです。実は、人間は書くことで思わぬ知恵や創造力を働かせることができます。ぜひ体験してみて下さい。

仕事のルール 94

よくできました たいへん

批判や評論している暇があれば自分を磨こう

いまや「一億総評論家」時代です。芸能はもとより政治に関しても、経済に関しても誰もが批判や評論をしています。勿論、その標的は社会的な話題に限ったことではありません。ビジネス街のランチタイムのレストランで、あるいは終業後の居酒屋で、会社の経営方針から上司に対する評価、批判、評論を行っている場面に出くわすことはよくあります。

少し前までは、アルコールの入った席で日頃の鬱憤を晴らすというものが主流でした。いわゆる「愚痴」ですね。いまは愚痴なんてかわいいものではなく、痛烈な非難・中傷に変わりつつあります。しかし、人のことを評論や批判をしている時間があったら、自分を顧みる方が、自分の成長のためになることに気づいて欲しいのです。

評論や批判は自分を主体として他人に向けて行いますね。自分は蚊帳の外か、自分は正しいという立脚点です。そこには、自分が成長するポイントはありません。もしも、評論・批判をしたいのなら、「自分はああいったことはしない」という反面教師というとらえ方をしないと、自分の身にはつきません。

そんな、人の話をしている時間があるのなら、自分を磨く方がよほど有意義です。何も、終業後にスクールに通いなさいと言っているのではありません。好きな本を読む、好きな音楽を聴きに行く、趣味のサークルに参加する。それでも十分に自分を磨くことになります。勿論、帰宅途中で語学を習いに行くのも、ビジネススクールに通うのもいいと思います。

同僚と一緒にいることが全て悪いわけでもありません。それも、自分を磨く手がかりになることだって十分あります。その時には、単純に他人の評論をするのではなく、同僚の仕事の進め方や、学生時代の体験など、自分と違った経験を語り合うだけでも、自分を磨く材料になります。

全ての時間を自分磨きに使おうと言っているのでもないのです。**「自分を磨こう」という気持ちが大事なのです。それは意識しないとなかなか身につくものではありません。日頃から、「自分を高める」「自分を磨く」という意識を持ち続けることなのです。そうすれば、他人のことを評論している時間がいかに無駄なことか気づいてくるはずです。**

どこに行くにも何をしていても、自分を磨く行動が実は成功の基となるのです。

仕事のルール

95

意見や提案に反対する時は、明確な理由と代替案を出そう

会議や上司の指示、同僚との会話などのなかで、意見の相違や結論の違い、あるいは全く理解できないことなど出てくることでしょう。その時には、闇雲に反対するのではなく、筋の通った反対理由が必要となります。

例えば、誰かが一ヶ月かけて考えた提案を、綿密で詳細な資料とともに提出したと仮定します。上司へのプレゼンテーションの練習もしました。台詞も熟考して印象に残る言葉を使っています。会議の参加者に配る書類の誤字脱字のチェックもし、カラーで印刷。この企画に賭ける気持ちもしっかりと表現しました。一見完璧です。

プレゼンテーションも終わり、会議参加者も資料を読みながらペンを走らせている状態の時に、ある人が一言「これ、何となく駄目な気がする」と口走ったらどう思いますか？

まず「なぜ駄目だと思うのでしょうか？」と提案者は聞くでしょう。すると相手は「いや、

だから何となく」と答えたらどう感じるでしょうか?

会議とは不思議なもので、何気ない一つの発言で流れが一気に変わってしまいます。何となく、というのはわからないでもありません。きっと、インパクトに欠けるとか、新しいものが見えてこないとか、言葉にしづらい何かが欠けているということなのでしょう。

しかし、言われた人にしてみれば、「そんなの理由にならないよ!」と不満爆発ですよね。

ですから、提案などに反対を唱える場合は、可能な限り具体的にどこがどう自分とは意見が違うのかを明確にする必要があるのです。そうすれば、回答者も対応のしようがあります。

単純に説明し忘れていたり、書類に書き忘れていただけで、明確に反対意見に対する回答を出し、会議も引き続き前向きに進められます。

また、時間がたってから反対意見を出す場合には、代替案を考えて一緒に提案すると、より効果的です。比較検討するものがある方が、より具体的で前向きになれるからです。

仕事では、具体性が重視されます。「イメージ」という言葉が多用される昨今ですが、イメージを具体化していくのがビジネスです。

自分の心無い一言で、大事な会議の流れを大きく変えてしまう可能性があることを心して、もし、反対する場合、合理的で明確な理由と代替案を出すのがマナーでしょう。

仕事のルール

96

疲れたら無理に続けないで休憩しよう

目の下に隈を作り顔色が悪く、睡眠不足が続いているのでしょうか充血した目で仕事を続けている人がいます。

「少し休めば?」と声をかけると決まって返ってくる答えがあります。

「今休むとみんなに迷惑をかけるから」。本当にそうでしょうか?

睡眠不足が続くと、人間は判断力が鈍ってきます。判断力が鈍るということは思考力も鈍り動きも緩慢になります。集中力も欠け、簡単なミスや間違いを犯す確率も高くなるのです。

実は、「今休まないと迷惑がかかる」というのが正解なのです。今だったら、たとえば三十分の仮眠で、ある程度復活するかも知れません。二~三日残業を止めて家に帰って休養をとれば、またバリバリ残業できる体に戻るでしょう。

しかし、青い顔をしたまま仕事を続けていれば抵抗力も低下しますので、体をこわす可能性が高くなり実際に倒れてしまうことだって考えられます。そのまま一週間や十日入院などということになったら、もっとみんなに迷惑をかけてしまうのです。

さらに、風邪を引きやすくなるので、同僚にうつしてしまい、集団感染なんてことになるかも知れません。そうなったら、迷惑を更に重ねることになるのです。

「自分がいなければ、他の人の負担が増える」という気概を持つのもある意味正しいでしょうが、ちょっと休憩をもらっている間に負担してもらった分は、逆に誰かが休憩しているときに率先して負担すればいいだけのことです。また、

「自分が動かないと仕事が止まってしまう」。

どれほどの決定権を与えられていたとしても、こんなことが事実なら、仕事の進め方が間違えているとしか言いようがありません。仕事は一人でやっているのではないですから、自分に何かがあった時には、他の人にすぐに代わってもらえるように常に準備しておかなければいけないものです。

どう考えても、**疲れても無理して働くよりも、少し休んでリフレッシュした方が迷惑をかける度合いは小さくて済むのです。また、仕事で体を壊すなど本末転倒。健康だから、作業が効率的にはかどり中身の濃い本物の仕事ができるのです。**

仕事のルール

97

人に頼む時は、具体的な指示を出そう

新入社員の頃は、人にものを頼むことは少ないでしょう。新入社員は、人にものを頼まれる側の人だからです。この時期に、ものを頼まれている経験をしっかり身につけておくことが重要です。どういう風に頼めば、自分の欲しかったものが出来上がってくるのか、それは自分が頼まれてきた経験から、うまく物事を頼む人のいいとこ取りをしていけばいいのです。

たとえば、コピーを頼む時です。

「これ、五部コピーしてくれませんか？」

というだけでは、バラバラのまま五部のコピーがデスクに置かれるだけかも知れません。

ところが、

「会議に使うので、文字を揃えて五部ほどコピーをとって下さい。その後、一セットずつに分けて、左上をクリップで留めてもらえますか？」

と伝えたら、すぐに会議室に持って行ける状態になっているはずです。

ある時、私は上司にコピーを頼まれました。会議に使うということです。原本を見てみると、文字のサイズはバラバラで、しかも斜めに印字されていました。そこで、文字のサイズが揃うように拡大・縮小を工夫し、斜めに印字されていたものは真っ直ぐになるように置き、コピー機のガラス面をきれいに拭き取りました。そして、横書きの書類は左上を、縦書きの書類は右上をクリップで留めるようにしました。これは読んでいく目の動きを考えると、そうする方がページをめくりやすいと考えたからです。

まだ新人だった私は、そのことによって上司にすぐ名前を覚えてもらえるようになり、気遣いのできる社員として評価されました。今は、私がものを頼む立場となりました。自分の経験を基に、できるだけ具体的に頼んでいます。その方が最低ラインで合格という計算が先にできますし、ほとんどの場合、さらに工夫をしてもらえますので、使いやすいものが出来上がってくるのです。

頼まれる側の人は、頼む側の使い勝手を知らないことが多くあります。「使い方を考えて工夫して」と言っても新人には想像できないこともあるのです。できるだけ具体的な指示を出してあげる方が、頼む側も頼まれる側もストレスなく上手くいくのです。

仕事のルール

98

FAXの宛先が複数人の場合、宛先全員にコピーして渡そう

プロジェクトをチームを組んで外部と動かす作業をしている時には、よく、チーム宛にファックスなり書類なりが送られてくることがあります。また、宛先が複数名になっていることもあります。

そんな書類を手にしたら、どうしますか？　連名になっている中で、決定権を持っている人だけにそれを渡すのでしょうか？

その書類を送った人は、チーム全員、連名者全員にできるだけ早く読んでもらいたいと思っているから、そのような送り方をしているのです。ですから、代表者だけではなく、全員にコピーして渡すのがあたりまえなのです。

ある時、あるプロジェクトチームに書類をファックスしたことがあります。あえて、チーム名にしたのは、そこに書かれている事項は、チーム全体が共通認識として持っておいて欲

しい事柄だったからなのです。送った私としては、当然チーム全員が読んでいるものと思っていました。

従って、次の全体会議の際には、共通認識を前提に話を進めたのです。しかし、出てくる質問のほとんどが、その書類に書かれていることについてで、しかも、その書類の内容を全く把握していないことが分かる質問でした。最初は一人だけ理解していないのかなあと思っていたところ、ほとんどがそうだった時に初めてあの書類が全員に配られていないことが分かりました。

そこで、書類をその場でコピーしてもらい全員に配り、書類の内容説明に切り替えたのです。実はその時間がもったいなかったために事前にファックスしたのですが、その意図をこの書類を最初に受け取った人も、次に受け取った人も理解していなかったということです。

いまは書類をメールに添付して送ることも多くなりました。読んで欲しい人には、同報で送れば済むというのが実情です。しかし、まだファックスで送るということも多くあります。

弊社では、連名やチーム名の宛先のファックスを受け取った時には、受けた人が責任を持って全員に行き渡るようにコピーするよう徹底しています。新人達には、わざわざ連名やチーム名にして送ってきている意味を考えなさいと先日話したばかりです。

仕事のルール

99

作業は終了の時間を逆算し、ダラダラせずに進めよう

全ての仕事には、締め切りというものが設定されています。締め切りにギリギリ終わらせるのではなく、締め切りよりも早く作業を終了し、確認してから提出する、それが間違いを極力なくすための動きといえます。

そこで、効率よく進めるためには、この締め切り・確認作業の時間から逆算して、いつまでに何をして、その後どうやって進めていくのか、スケジュールを最初の段階で設定することをお薦めします。勿論、スケジュールは突然変更になることもあり得ますので、柔軟な対応ができるように余裕を持った進行を心がけましょう。

どうやって作業をこなすか、計算ができたら直ちに取りかかります。効率良く作業が進み、時間が余ってしまうこともあるでしょう。そうなったら、「今日の作業は終わり。余った時間は適当に過ごそう」などと考えては駄目です。

今日の作業は効率良く早めに終わったからといって、次の作業も早く終わるとは限りません。予定よりも時間が掛かることだってあるのです。それを見越して、余った時間は次の作業に取りかかってしまいましょう。何も、できるだけ早く終わらせるために、予定より先に先に常に行い、そのために残業をしようというのではありません。時間が余っているのなら、ダラダラと時を過ごすのは無駄というものだと言っているのです。

もしも、作業の工程が全て予定より早く進み、最初に設定された締め切りよりも三日も早く仕上がったとしましょう。早く作業が終わって怒る人がいるでしょうか？ 迷惑と思う人がいるでしょうか？

早く終われば、次の仕事が与えられるかもしれません。早くしかも正確に仕事ができれば、それは当然高い評価につながるのです。ダラダラと時を過ごしてしまえば、それは周辺にはわかってしまうのです。余った時間があったはずなのに、締め切りギリギリに提出したら、例え正確なものができていたとしても、それなりの評価で終わってしまいます。

「時は金なり」。ダラダラ過ごすよりも、より有意義な時間の過ごし方をしたいものです。最初に設定したスケジュールで守るべきものは締め切りです。締め切りは絶対に守らなければならないので、そのための完璧なスケジュールを立て、日々厳格にチェックしましょう！

仕事のルール
100

就業・会議中は携帯電話の電源をマナーモードに設定しよう

携帯電話をこれだけみんなが持つようになると、もちろんビジネスツールともなってきます。携帯がないと仕事ができないとはいかないまでも、携帯を持っていた方が仕事もやりやすいのも事実です。携帯でメールも受け取れるようになったので、重要事項が外にいても読めるようになりました。

しかし、携帯が広がれば広がるほど、マナーが低下しているのはいかがなものでしょうか。まだ少数しか持っていない時には、マナー自体整備されていないわけですから、ある程度のでたらめも大目に見られてました。しかし、ほとんどの人が持つようになると、誰もが「あれは迷惑だ」と感じる行為に関しても共通認識が生まれ、自ずとマナーが成立してくるはずです。残念ながら、現状は満員電車でも、携帯での会話を禁止している公共の場所でも、所かまわず着信音が鳴り響いています。着メロを利用している人も多いので、明らかに場違いな音楽や歌声が聞こえてくる時もあります。

先日、ある人の法事で寺を訪れました。法要の最中、参加者のバックから大音量で冬のソナタのタイトルソングが流れてきたのです。持ち主は、さすがに慌ててバッグを探っていましたが、慌てれば慌てるほど小さい携帯電話は見つかりません。僧侶も、読経をしながらも気に掛かって仕方がない様子。

勿論、法要の後の食事の席で「故人に対して失礼に当たるので、今後は寺に入る際には電源を切るか、マナーモードにして下さい」と注意されていました。

お寺で着メロというのは、あまりにも酷い話でマナー以前の問題でしょうが、仕事中や会議中でも平気で音を鳴らす人はいまでも少なくありません。取引先からの電話だとしても、音を鳴らす必要はないのです。明らかに集中して仕事している人の邪魔です。

最低でも、マナーモードに設定して、他の人の集中力を途切れさせることは止めましょう。特に会議中は、特別な急用でもない限り、留守番電話機能を利用しましょう。携帯の液晶画面を見れば、どこからの電話だかナンバーディスプレイで確認できますし、緊急かどうかも番号によってわかるはずです。最低のマナーを守らないと、便利なツールであるのに職場でも「利用禁止」なんてことにもなりかねませんから。

仕事のルール

101

たいへんよくできました

会議の時は上司より先に行って待とう

「じゃあ、会議始めるか……。あれ、また大山君いないね？　どうしたんだろう？」

「課長、たぶんトイレに行ってると思います……」

「え！　また！　彼はいつも会議に遅れてくるなあ……」

「ああ、すみません……。でも間に合ってよかった……」

「こら、間に合ってなんかないよ！　もう十分も過ぎてるぞ！　君はいつも遅れてくるなあ……、気がたるんでるじゃないか！　毎回会議に上司や先輩より遅れてきて平気なのか？」

「すみません……。以前早く来た時、なかなか会議が始まらなかったので……」

「あの時は、大事な顧客から緊急電話が入ったからじゃないか！　**そもそも新人なんだから、誰よりも先に来て待ってるくらいじゃないとダメじゃないか！　毎回待たせるなんて、みんなに失礼だろう！」**

これは実際にあった話で、よくあることです。
不思議なことに、一つの会議に遅れてくる人は、どの会議にも遅れてきます。気がゆるんでいるのか、「会議自体長いので多少遅れても大目に見てもらえるのでは」という甘えがあるからか、とにかく周りの評価はガタ落ちです。いずれにしても、会議で遅れてくるということは大罪です。その分他の仕事ができたであろう全参加者の大事な時間を奪うからです。特に就業時間中は、自分のみならず他人の時間も一分一秒たりとも無駄にしてはいけません。

例えば会議参加者が十人とします。各人の給料から逆算して、参加者の平均時給は三〇〇〇円であれば、一分当り五〇円です。もし、一人が一〇分遅れてきた場合、五〇円×一〇分×一〇人＝五〇〇〇円。ですので、五〇〇〇円の損失になります。年間約五十回会議があり、参加者の誰かが一〇分送れてきた場合、五〇〇〇円×五〇回＝二五万円。従って一年でその部署だけで二五万円の損をします。もし、その会社に一〇〇部署があり、同じようなことをやっていたら、年間二五〇〇万円の損失を出すことになります。

これが、私が勤めていた国際会計・経営コンサルティング会社や弁護士事務所などのように時間一人当り三万円〜一〇万円チャージするプロフェッショナルが参加していたら、最低その十倍、つまり年間二億五〇〇〇万円のコストになるのです。恐ろしいとは思いませんか。

あとがき

「なんで自分はこんなに運が悪いのだろう……」

こんな嘆きの声をよく聞きます。果たしてそうでしょうか？　よ〜く、考えてみて下さい。

今、日本人として生まれたこと自体運が良いと思いませんか？　イラクなどの戦争下の国で生まれていたら、既に爆弾で殺されていたかもしれません。また生きていても、手足をもぎ取られ、息を吸うのがやっとかもしれません。学校に行くどころか、まともな食べ物すら得られず、毎日生きていくので精一杯になることでしょう。

日本に生まれた私達は、どんなに家庭が貧しくても、どんなに自分に能力がなくても、まだ、人生において様々な選択肢があり、努力次第でのし上っていける可能性があります。貧困な国、戦争下の国ではほとんどの人々は、その可能性がゼロなのです。ですから、日本人に生まれて運が良かったとは思いませんか？　努力次第で色々な道が開けていきます。

日本人が夢を描いた場合、ほとんどの人はそれが叶う可能性はゼロではないはずです。本文中で、エイブラハム・リンカーンは七回以上も選挙に落ちましたが、最後まで諦めなかったので大統領になれたことを紹介しました。また、カーネル・サンダースも何度も事業に失敗しましたが、諦めませんでした。そして、背水の陣で六十五歳の時に、フライド・チキン屋さんを始めました。その事業は、世界初のフランチャイズ・ビジネス、かつ世界最大級ファーストフード・レストランとなった「ケンタッキー・フライド・チキン」（ＫＦＣ）の始まりです。もし、彼が「自分には運がなさそうだから」と判断して、途中で事業を諦めていたら、世界的起業家、「ファーストフードの神様」としてのサンダースは存在しなかったのです。

若い時は、ほとんどが、経験、知識、ノウハウ、信用、人脈など仕事をする上で助けになるものはありません。しかし、やる気、素直さ、体力、愚直さ、融通性、謙虚さなど数々の優れたものを持っています。実は仕事で評価されるためには、それらがあれば十分なのです。ただ必要なのは、社会や会社組織であたりまえとされるルールを早く知り、実践することです。この本はそのために書きました。少しでも多くの読者が、そのあたりまえの仕事のルールを認識し、どんどん実行して頂けたら、著者としてこれ以上の喜びはありません。

二〇〇五年五月

浜口 直太

●著者略歴
浜口直太（はまぐち　なおた）
株式会社JCI代表取締役会長兼社長。創価高校、創価大学経営学部経営学科卒業。テキサス大学経営大学院ＭＢＡ取得。同大学院博士課程、更にウォートン・スクール博士課程で財務、国際経営を専攻する傍ら、同大学院で教える。米KPMG、米PwCを経て、米国で独立。その後、東京にコンサルティング会社「株式会社JCI」を設立し、代表取締役に就任。外資系ベンチャーキャピタル（VC）の代表、日米VCやベンチャー企業数十社の役員・顧問を兼任後、米国大手レストランチェーン、Sbarro（スバーロ）社と合弁で株式会社Sbarro Japanを設立し、代表取締役兼CEOに就任。現在まで、日・米・アジアで1200億円以上の資金調達と50社以上の上場を支援。70冊以上の著書がある。

●連絡先
株式会社JCI
東京都渋谷区東1－26－26
Tel: 03-5774-9381
http://www.jci-inc.com
e-mail　nate@jci-inc.com

カバーデザイン：渡邊民人

ご意見をお寄せください
ご愛読いただきありがとうございました。本書の読後感・御意見等を愛読者カードにてお寄せください。また，読んでみたいテーマがございましたら積極的にお知らせください。今後の出版に反映させていただきます。
編集部　☎(03)5395-7651

あたりまえだけどなかなかできない仕事《しごと》のルール

2005年6月30日　初版発行
2010年6月8日　第236刷発行

著者　浜《はま》口《ぐち》直《なお》太《た》
発行者　石野栄一

明日香出版社
〒112-0005　東京都文京区水道2-11-5
電話(03)5395-7650(代　表)
(03)5395-7654(ＦＡＸ)
振　替 00150-6-183481
http://www.asuka-g.co.jp

■スタッフ■　編集　早川朋子／藤田知子／小野田幸子／金本智恵／末吉喜美／久松圭祐
営業　小林勝／浜田充弘／渡辺久夫／奥本達哉／平戸基之／野口優／横尾一樹／後藤和歌子
大阪支店　梅崎潤　M部　古川創一　経営企画室　落合絵美　経理　藤本さやか

印刷　株式会社文昇堂
製本　株式会社新東社
ISBN4-7569-0880-2 C2036

あたりまえだけど なかなかわからない　取締役のルール

天野　隆／定価1365円

社長補佐・部下の育成・業績貢献…など、取締役が仕事をする上で、「あたりまえだけどなかなかできない」項目を101にまとめて解説します。

あたりまえだけど なかなかわからない　商いのルール

高橋　邦治／定価1365円

あたりまえだけど気づいていない、わかっていない商人の、そして商売の原点を事例を交えてわかりやすく教える本。

あたりまえだけど なかなか知らない　お金のルール

杉山　靖彦／定価998円

あなたに必要な「お金に対する考え方」「お金の儲け方」「投資の仕方」「お金の使い方」「お金の有利・不利」が感動的にわかる本です！

あたりまえだけど なかなかできない　接待のルール

浦野　啓子／定価1365円

大規模なパーティーから少人数での会食まで、ビジネスマンが避けて通れない「おもてなし」。「わが社のスタンダード」ではない、接待の基本を伝授。

あたりまえだけど なかなかできない　サービスのルール

永田　雅乙／定価1365円

そもそもサービスとは？　をまず解説し、サービスの基本的な考え方や、自分もお客様も心地よいサービスの仕方に触れる。